A. DELPECH, Sénateur

Défendons l'âme française

L'esprit chrétien. — Le Christ farouche. — Le Christ et la famille. — Le Christ et le travail. — Résultats. — Notre doctrine. — Nos besoins intellectuels. — Nos libertés. — Le devoir humain. — La justice. — L'obligation morale. — La sanction. — Notre idéal. — La patrie. — Ni humilié, ni résigné. — Fin de rêve. — En marche !

Schleicher Frères

DÉFENDONS L'AME FRANÇAISE

DÉFENDONS L'AME FRANÇAISE

PAR

A. DELPECH

SÉNATEUR

PARIS
LIBRAIRIE SCHLEICHER FRÈRES
8, RUE MONSIEUR-LE-PRINCE, 8

1910

DÉFENDONS L'AME FRANÇAISE

Il n'y a pas de fonction plus belle
que le gouvernement et l'éducation
des hommes.

H. SPENCER.

Un jeune homme m'écrit :

Monsieur,

J'ai 20 ans. Le moment approche où, citoyen actif, je serai appelé à jouer mon rôle dans la bataille des idées. Elles ne me laissent pas indifférent. Mais entre les doctrines diverses, je cherche à m'orienter et je ne vois pas clairement mon chemin. Ma mère, pieuse catholique, m'éleva dans la pratique de son culte. Peu pourvue de littérature, mais bonne et courageuse entre toutes, d'humeur égale et de sens droit, elle s'imposait à mon respect affectueux et à ma confiance. Près d'elle j'ai prié, j'ai vécu, me conformant sans discuter à une discipline qui me paraissait la plus sûre de toutes. Or, me voici agité d'un grand trouble depuis deux ans. Inscrit à la faculté de droit de Paris j'observe, j'écoute, je lis les journaux de nuances diverses, je fréquente les bibliothèques. J'interroge Michelet, Quinet, Renan, Joseph de Maistre, le Père Didon, Guyau, Spencer, Büchner, Hœckel. Ma foi sombre dans le tumulte de mon cerveau. Je flotte quelque peu désemparé et inquiet entre les sollicitations des puissants esprits qui se disputent la direction intellectuelle et morale du monde.

Joseph de Maistre me paraît aussi convaincu, aussi sincère, non moins pourvu de talent et de bonne foi que Guyau. Le dernier lu me domine. Cependant cette recherche de ma voie me donne des sensations d'un charme particulier. Est-ce la jouissance que procure l'activité personnelle librement exercée ? Récemment la lecture de l'article de Berthelot, *Science et Morale*, réponse à l'article de Brunetière, *La Faillite de la Science*, m'a fortement impressionné par la clarté des arguments, par la solidité de la dialectique, par la démonstration lumineuse des services que peut rendre à l'humanité la méthode rationnelle et scientifique. A mesure que je parcourais ces pages substantielles, il me semblait voir tomber, morceau par morceau, les murs d'une prison où ma jeunesse se serait écoulée. Du monde extérieur je ne pouvais auparavant apercevoir qu'une portion étroite et un coin du ciel. Les murs s'écroulaient; à mes yeux s'offraient des horizons illimités. Je me suis posé cette question : Aurait-on abusé de ma jeunesse pour me tromper ? Pourquoi cette association des maîtres et des parents afin de me maintenir dans l'ignorance des choses ?

Je comprends l'intérêt du clergé à défendre son autorité. Mais les autres ?

Et pourtant voici qu'en République l'université nationale fait un accueil bienveillant aux doctrines de l'Eglise. A la faculté, l'un de nos professeurs critique durement l'œuvre révolutionnaire. A l'entendre, la déclaration des Droits de l'homme et du citoyen n'est qu'un tissu de vaines et emphatiques formules réclamant de prétendus droits attachés à la personnalité humaine, dogme nouveau révélé par des philosophes athées, dépourvus de sens moral. Mieux vaut encore, dit-il, conserver l'ancien. Aux droits de l'homme notre professeur oppose les droits de Dieu. Il défend le Syllabus qui soumet les esprits à une discipline nécessaire. D'autres professeurs manifestent leur indifférence pour les questions politiques et philosophiques. Quelques-uns, en très petit nombre, servent loyalement la cause républicaine.

C'est ainsi qu'au lycée des actions contraires s'exerçaient tour à tour sur nos intelligences et nos consciences; l'aumônier exaltait les services rendus par l'Eglise dans les arts, la littérature, la morale, dans tout le monde de la civilisation. Il ravalait au rang des pires malfaiteurs les plus illustres des écrivains français depuis Voltaire jusqu'à Victor-Hugo et Renan. Le professeur de rhétorique signalait à notre attention la puissance libératrice des grands esprits que l'aumônier vouait à notre exécration.

Poursuivant mon enquête, à la recherche de la vérité, j'entre, un dimanche, à Notre-Dame. En un langage violent, le prédicateur protestait contre les lois républicaines, le divorce, la séparation des Eglises et de l'Etat, les écoles sans Dieu. A l'entendre, nous étions revenus aux temps de Dioclétien; les consciences étaient opprimées, les intelligences obscurcies, les principes de morale bafoués. La France était perdue si les honnêtes gens ne prenaient hardiment l'offensive pour la défense des droits de l'Eglise, seule capable d'assurer le bon gouvernement des sociétés.

Cet énergumène provoquait ouvertement à la guerre des citoyens les uns contre les autres au nom du Dieu chrétien.

Le dimanche suivant, dans un temple de la rue Madame, j'entendais un pasteur protestant. En un langage plein de mesure et de sagesse, il traitait de la bienveillance mutuelle que les hommes se doivent les uns aux autres; bonne leçon de morale pratique exposée par un homme cultivé qui s'acquittait honnêtement de sa fonction.

A l'énergumène de Notre-Dame, je préfère le pasteur de la rue Madame. Me ferais-je protestant? Or, le protestantisme repose lui aussi sur des révélations miraculeuses et des textes sacrés dont j'ai quelque peine à admettre l'authenticité et à reconnaître l'autorité. Il me paraît fait de contradictions. Il n'y a plus de libre critique si elle est limitée. J'ai fréquenté un cénacle de libres-penseurs, très libres d'esprit assurément, mais plus préoccupés d'achever la ruine des vieux dogmes que de leur substituer une doctrine capable de fournir une direction sûre, et de donner satisfaction aux besoins de mon esprit.

Vous voyez mon désarroi. Je cherche mon chemin dans ce dédale et je ne le découvre pas. Où est la Vérité ? Où réside la Justice ? Que commande le Devoir ? Quelle est la meilleure règle de vie ? Avec une ardeur dénigrée par les uns, louée par d'autres, vous avez pris une part active aux luttes politiques et philosophiques contemporaines. A quels principes directeurs se rattachent vos convictions ? Vous plaît-il de me répondre ?

MA RÉPONSE

Pour bien conduire un navire il faut posséder les connaissances indispensables au pilote, savoir user de la boussole qui donne la direction et du sextant qui détermine le point.

Pour ne pas s'égarer au cours de la vie, pour accomplir honnêtement son métier d'homme, il importe de posséder un instrument cérébral suffisamment bien réglé et de savoir s'en servir. Or, fort peu de personnes sont pourvues de ce bon instrument de direction. Vous avez pu constater vous-même avec quel soin on s'applique à fausser celui que la nature fournit tout neuf à l'enfant. Maîtres et parents le soumettent à un régime de déformation de tout point contraire aux règles élémentaires du bon sens.

Mercier le constatait en ces termes dans son *Tableau de Paris*, seconde moitié du xviiie siècle :

« Je sais bien que l'inintelligible catéchisme de Paris est toujours le premier livre qu'on fait apprendre par cœur aux enfants. Ils se remplissent la mémoire de ces mots sans idée et se forment à parler le reste de leurs jours sans avoir la conscience de ce qu'ils disent.

« Des catéchismes, mais point de traité élémentaire de morale qui explique et prouve les devoirs de l'homme et du citoyen ; rien sur les principes du droit naturel à la portée de l'adolescent ; aucun livre enfin clair, méthodique, applicable aux écoles, écrit d'un style simple, afin qu'il puisse être lu et retenu dans le cours de l'éducation domestique.

« C'est un clerc qui fait lui-même le catéchisme, d'un côté

aux garçons et de l'autre aux filles ; il n'y comprend rien lui-même ainsi que ses jeunes auditeurs. Comment abuse-t-on à ce point de la première aurore de l'intelligence humaine ? N'est-ce pas la condamner à ne plus voir tous les objets que dans une ombre impénétrable et mystérieuse ?

Et plus loin :

« Qui nous fera donc un catéchisme de morale ? Il est vrai qu'il est plus difficile à faire que le dictionnaire encyclopédique. O instruction publique ! Instruction, tu es encore à naître parmi nous. »

C'était écrit en 1782.

Un siècle plus tard, après trois révolutions, vous subissiez le régime déformateur appliqué aux contemporains du parisien Mercier. Votre mère y donnait la première main avec l'entière persuasion d'accomplir un pieux devoir. Elle l'avait subi elle-même de la part de sa mère, tradition ancestrale pieusement entretenue sous la surveillance des prêtres. Fervente chrétienne, votre mère voulait faire de vous un bon chrétien. A cette fin, elle vous inspira tout d'abord la crainte de Dieu et du diable. Elle ne connaissait que cette méthode d'éducation. A peine commenciez-vous à balbutier les premiers mots et à manifester le désir de prendre contact avec les choses de votre entourage, que votre excellente mère vous faisait plier les genoux devant une sainte image. Elle vous apprenait à lui adresser vos premières prières. Sur les anges, le petit Jésus et le diable, elle vous racontait des histoires merveilleuses ; elle appelait elle-même les gnomes et farfadets ; elle les installait dans votre petit cerveau ; ils en prenaient possession et maintenant vous avez quelque peine à vous en délivrer.

Dès l'âge de sept ans, l'âge de raison, d'après l'Eglise, vous passiez sous la direction d'un maître choisi par votre mère avec l'acquiescement tacite de votre père, trop insoucieux des devoirs d'éducateur dont la charge lui incombait. Il se conformait lui aussi à une habitude traditionnelle.

Le prêtre poursuivra méthodiquement l'œuvre d'orthopédie à rebours; c'est son métier. Par lui vous serez initié à la connaissance de l'origine de la terre, du soleil, de la lune et des étoiles. Il vous apprendra comment la lumière apparut trois jours avant la création du soleil. Votre cerveau d'enfant s'alimentera aux sources de la plus abondante bouffonnerie, l'histoire sainte et le catéchisme, peut-être le catéchisme d'un monseigneur Gaume, prélat très estimé du Pape Pie IX. Cet homme très informé savait ce que Dieu avait fait après que la mer se trouva installée dans le lit préparé pour elle.

— Ayant placé la mer dans le lit qu'il lui avait préparé, Dieu fit paraître la terre.

— Et de quoi couvrit-il la terre?

— Il la couvrit d'herbes vertes.

— Et pourquoi vertes?

— Parce que le vert est la couleur qui repose le mieux notre œil.

Le prêtre vous apprenait que tout est soumis à la direction d'un Dieu, maître souverain du monde, symbole magnifique de la justice et de la bonté, mais dépourvu, en fait, de l'une et de l'autre.

Comment se conduira-t-il envers notre espèce créée à son image? Aux deux premières créatures humaines animées par son souffle il dresse un piège où elles doivent tomber nécessairement. Pour complice en cette affaire, le bon Dieu s'adjoindra le diable, créé tout exprès par lui-même avec mission d'induire nos premiers parents en erreur et de les tourmenter sans répit eux et toute leur postérité.

Dès lors, ce Dieu ne cesse d'exercer sa fureur contre les pauvres humains; il les noie; il les brûle; il les accable de mille maux; il leur lance la foudre au hasard de la rencontre sans distinguer les coupables des innocents. D'ailleurs les victimes plaisent d'autant plus à Dieu qu'elles sont moins responsables; c'est un massacre continu. Les chrétiens ne s'en étonnent pas. Ils subissent avec pieuse résignation les décrets de cette Providence, fussent-ils les plus odieux dans leurs effets.

> Seigneur, vous êtes le Dieu de la vengeance.
> En échange du crime, il vous faut l'innocence.
> C'est la vapeur du sang qui plaît au Dieu jaloux.
> Je lui donne une hostie, ô ma fille, et c'est vous.

Ainsi s'exprime le Jephté d'Alfred de Vigny. En témoignage de reconnaissance au Dieu qui lui a permis de détruire les guerriers d'Ammon, Jephté offrira l'holocauste de sa fille.

Un jour, pourtant, ce Dieu paraît prendre en pitié l'espèce humaine si maltraitée par son propre créateur. Il va lui offrir le moyen de reconquérir son affection.

Voici le procédé :

Ce Dieu a un fils, fils unique ; ce fils n'est jamais né ; il est aussi ancien que le père. Cependant l'un est le père, l'autre est le fils. Ne cherchez pas à comprendre ; il vous est interdit de faire effort pour pénétrer le mystère d'ailleurs impénétrable.

Dieu le père envoie Dieu le fils sur la terre avec mission de régénérer le genre humain. Il descend dans un village de Judée sous la forme d'un petit enfant issu d'une vierge. Devenu grand, il enseigne la doctrine régénératrice. Mais les Juifs ne reconnaissent pas le caractère divin du messager. Ils le condamnent à mort comme coupable d'imposture.

Tout cela était prévu et voulu par la sagesse divine. Au lieu de surexciter la fureur de Dieu le père, le martyre du Dieu son fils sera un sacrifice expiatoire, nécessaire au rétablissement des bons rapports entre le créateur et ses créatures.

Sur le Golgotha, le Christ épuise la coupe d'amertume. Cependant quel bénéfice en obtiendrons-nous ? La colère du

Dieu d'Abraham sera-t-elle enfin apaisée? Nullement; sa
fureur va continuer de s'exercer par toutes sortes de désastres. La mort de Jésus ne modifiera en rien notre condition
et la nature de nos rapports avec son père. Déjà, après le
déluge universel, le Dieu biblique berçait de vaines promesses la famille de Noé! L'arc en ciel, le fameux signe
d'alliance, n'était qu'un leurre.

L'enfer réclame toujours sa proie. Et alors? Pourquoi ce
drame de la Passion?

Vos premières méditations s'exerceront sur ces événements aussi extravagants que prodigieux. Ainsi s'opèrera
votre initiation à la connaissance de la vérité, de la bonté,
de la justice. Etrange méthode pour développer en vous
l'intelligence et le sens moral. L'œuvre de ruine se poursuivra obstinément, toujours avec la complaisance aveugle
de votre père et le concours zélé de votre mère, bien per-
suadée que cette opération réjouit le bon Dieu dont elle
s'assure la récompense tout en préparant votre bonheur
terrestre et votre félicité céleste. Le prêtre triomphe sur
cette ruine de la raison. Il importe à son industrie que
l'instrument de la connaissance ne puisse pas fonctionner
régulièrement. Le croyant tombe à l'état d'infirme. Habitué
à se repaître de chimères il ne se reconnaîtra plus dans
le monde des réalités.

Pour éclairer l'intelligence et se faire une opinion personnelle qui engage la conscience, il est indispensable de
produire un effort d'attention laborieuse, de réflexion pa-
tiente. Chez le croyant, les ressorts de la volonté sont
rompus. Pourquoi réfléchir? Ne sait-il point, par la révélation communiquée, où se trouve le trésor de vérité? Il a une
opinion définitive sur tous les mystères de la vie présente
et de la vie future. Il prend en pitié le pauvre savant toujours
en travail sur le champ des recherches. A ses yeux l'intel-

lectuel, réfractaire aux soumissions religieuses, est une cause de trouble, un pernicieux agent de révolte contre les lois divines.

Et pourtant, autour de vous, quel théâtre merveilleux offert à la curiosité : les plantes du jardin, les arbres du chemin, les fleurs des prairies, les insectes, les phénomènes météorologiques, la marche des saisons, les phases de la lune, le soleil, les étoiles, inépuisable champ d'études attrayantes si propres à développer, sans pénible contrainte, le sens de l'observation et à provoquer le désir de savoir ! Vous ne pourrez pas distinguer un tilleul d'un frêne ; vous passerez indifférent auprès du mille-feuilles, du mille-pertuis, de la reine des prés, de la vulnéraire dont on ne vous aura jamais dit les noms et les propriétés. Etes-vous encore capable de reconnaître les principales étoiles et constellations ? Mais vous saurez où se trouve l'Enfer, comment on vit au Paradis, ce qui se passe en Purgatoire. Vous connaîtrez Dieu, les anges et les diables. Les mystères de l'Incarnation, de la Transubstantiation, de la Trinité n'auront rien de secret pour vous. Alimenté de fumée, d'absurdités énormes, de sottises révoltantes, le cerveau plein de fantômes grotesques, devenu un être falot dépourvu de tout bon sens, aussi peu capable de vous diriger dans la vie qu'un aveugle privé de son chien, que pourrez-vous comprendre aux obligations morales ? Quelles pourront être vos vues sur le devoir, la justice, le noble courage ?

A l'infirme intellectuel sortant des mains sacerdotales on dira : — Va, mon garçon, marche à l'honneur, cours à la gloire. Armé du signe de la croix, du scapulaire, de quelque médaille de Notre-Dame de Lourdes ou de Saint Antoine, lance-toi dans les combats où se décident les destinées des individus et celles des nations.

Si tu commandes un jour quelque navire de guerre, compte sur saint Michel, vainqueur du dragon. La France possédait naguère un vice-amiral qui avait placé son escadre sous la protection de ce grand saint, et un ministre de la marine, ministre républicain, ancien compagnon de Garibaldi, confiait la direction de son cabinet, à cette victime des Jésuites.

Ainsi s'explique cette aberration du sens moral de tant de Français au cours de l'affaire Dreyfus. Quelle notion de la justice, quel amour de la vérité, quel sens de l'honneur pouvaient avoir les individus, hommes et femmes, pétris dans leur jeunesse par les mains des congréganistes?

A la sortie des écoles, des bandes de jeunes gens s'organisaient. Elles parcouraient les rues et les boulevards du quartier latin en criant : Vive l'armée ! Ils subissaient l'influence de maîtres qui, par le vœu de virginité, se sont soustraits aux charges, aux responsabilités et aux joies de la famille et qui, par le vœu d'obéissance, ont renoncé au droit de se faire librement une opinion. De ces extraordinaires éducateurs ils tenaient la formule, Vive l'armée! Cela répondait à tout, sans autre argument.

Cela signifiait : A bas les Républicains ! A bas les Libres-Penseurs! Mort aux Juifs ! Mort aux Protestants ! Mort aux Francs-Maçons! Périsse l'idée de Justice, s'il le faut, et que meure au bagne le capitaine Juif, même innocent! Que sa femme, ses enfants se consument dans la douleur, pourvu que l'autorité des officiers soumis à l'Eglise ne subisse aucune atteinte.

Ces jeunes gens ne pouvaient rien comprendre à l'honneur national. Leur patriotisme se limitait aux intérêts de la compagnie de Jésus, alors représentée par le P. Dulac, le comte Estherazy, la fille Pays et quelques officiers plus habiles à fabriquer des faux qu'à pratiquer les vertus de Bayard.

Cette débilité morale des victimes de l'enseignement sacerdotal continue de s'affirmer en de troublantes manifestations. A la glorification du mensonge et du faux on joint celle de l'assassinat. Un journaliste attaché à une de ces feuilles qui déshonorent la presse française, tente d'assassiner Dreyfus. Il tire sur lui deux coups de revolver; il avoue; il reconnaît même la préméditation. Des jurés parisiens acquittent cet homme, et puis, des banquets sont organisés en son honneur. Tels sont les résultats de l'éducation ecclésiastique : les élèves, même de l'Université, n'échappent pas à ses ravages.

Vous l'avez subie comme tant d'autres. Mais la richesse de votre nature vous a défendu contre l'empoisonnement total. Devenu homme, vous voulez reprendre possession de votre personnalité et vous donner à vous même une règle de conduite d'une valeur éprouvée. Vous procédez à une enquête avant de prendre votre détermination, comme pourrait le faire un voyageur qui se propose de visiter des régions à lui inconnues. Il interroge ceux qui, les ayant parcourues, pourront lui fournir d'utiles renseignements. C'est prudent. Je vous donnerai les miens en toute sincérité.

L'esprit chrétien

La religion qui a servi de base à votre éducation première ne peut pas vous fournir le fil conducteur dont vous avez besoin. Son objet principal est de préparer à la mort et non à la vie. Ceux-là vous trompaient qui vous célébraient les bienfaits et les beautés du Christianisme.

Pour vous en convaincre examinez les textes et observez les faits.

Avec Chateaubriand vous appreniez que, à cette religion excellente entre toutes, la seule vraie, le monde devait de posséder une doctrine définitive, reposante et féconde; le Christianisme aurait épuré les mœurs, restauré la famille, relevé la condition de la femme, supprimé l'esclavage, proclamé l'égalité et la fraternité des hommes, répandu les idées de justice et de bonté en révélant un idéal de vie supérieure précédemment inconnue.

Il n'est pas vrai que le Christianisme ait rendu de pareils services. En recommandant l'état de célibat et de virginité, il a contribué à la corruption des mœurs. Le *Manuel des Confesseurs* vous initiera à la mentalité des prêtres, directeurs de conscience.

Comment aurait-il restauré la famille ? Nous verrons plus loin, dans les Évangiles, de quelle façon Jésus enseigne et pratique les vertus familiales.

Loin de relever la condition de la femme, il l'a réduite à un état subalterne et méprisé, car elle est responsable des maux subis par l'humanité depuis l'exclusion du Paradis terrestre, et elle est restée un agent du diable comme l'affirment Saint-Jean Chrysostôme et Saint-Antoine.

— Souveraine peste que la femme, dit le premier. Dard aigu du démon ! Par la femme, le diable a triomphé d'Adam et lui a fait perdre le Paradis.

— Tête du crime ! Arme du diable, dit le second, quand vous voyez une femme, croyez que vous avez devant vous, non pas un être humain, non pas même une bête féroce, mais le diable en personne. Sa voix est le sifflet d'un serpent.

De Saint-Paul, dans l'Epître aux Corinthiens :

— Que l'homme se tienne à l'église nu-tête, parce qu'il est l'image de la gloire de Dieu ; mais que la femme soit voilée parce qu'elle est la gloire de son mari, sinon qu'on la rase. Car l'homme n'est pas de la femme mais la femme de l'homme et l'homme n'a point été créé pour la femme, mais la femme pour l'homme.

Dans les Évangiles, on ne trouve aucune protestation contre l'état d'esclavage. Mais Dieu recommande la soumission à la volonté du maître sous peine des coups. Voir Saint-Luc XII, 47, 48.

Loin de supprimer l'esclavage, l'Église l'a confirmé en maintes circonstances. En 441, le premier concile d'Orange (canon 6) excommunie ceux qui prennent les esclaves des clercs à la place des leurs.

En 517, le concile d'Epaone (canon 8) défend aux abbés d'affranchir les esclaves donnés aux moines.

En 655, le concile de Tolède (canon 10) ordonne que les enfants, que des ecclésiastiques, depuis le sous-diacre jusqu'à l'évêque, auraient eus des femmes, soit esclaves soit même libres, deviennent à perpétuité les esclaves de l'église de leur père.

On sait que les derniers serfs se trouvaient chez les moines bénédictins, chanoines de Saint-Claude, en Franche-Comté.

Le servage a été supprimé par la Révolution. C'est elle qui proclame l'affranchissement des esclaves dans nos colonies. L'esclavage y fut rétabli par le premier consul Bonaparte et définitivement aboli par la chambre républicaine de 1848 sur la proposition du franc-maçon Schœlcher.

La catholique Espagne a été le dernier pays d'Europe à dénoncer, dans ses colonies, la suppression de l'esclavage et de la traite.

Loin de contribuer à l'épanouissement des idées de liberté, de justice et de bonté, l'Église s'est faite l'auxiliaire des oppresseurs; elle a, dès les premiers siècles, constitué un terrible élément de haine et de persécution.

D'ailleurs, à l'auteur du *Génie du Christianisme*, écrit en 1802, quand l'Eglise reprenait possession de la France, opposons le Chateaubriand de l'*Essai historique, politique et moral sur les Révolutions anciennes et modernes*, paru en 1797, à l'heure où la France paraissait définitivement dégagée de la servitude romaine.

Il écrit :

Chap. xxxvi. « On vit alors (Moyen-âge), des hommes se jeter dans tous les écarts de l'imagination et se persécuter les uns les autres pour des mots qu'ils n'entendaient pas.

Chap. xxxviii. « L'ignorance, redoublant alors ses voiles, servait à donner à la superstition une apparence plus formidable; et l'Eglise, environnée de ténèbres qui agran-

dissaient ses formes, marchait comme un géant au despo-
tisme.

Même chapitre : « Les papes, attaqués par les empé-
reurs, avaient contre eux la moitié des peuples de l'Italie
qui les regardaient comme des tyrans et des scélérats.

Chap. xxxiv (Moyen-Age). « Les Pontifes, subjugués
par le luxe et l'ivresse de la puissance, s'étaient plongés
dans tous les vices. L'athéisme public de quelques-uns,
l'effrontement et le scandale de leur vie privée, ne devaient
pas beaucoup servir au maintien du culte chez les peuples.
Le clergé, aussi déprécié que son chef, se livrait à tous les
excès ; et les couvents servaient de repaire à la crapule et
à la débauche.

Chap. xlviii. « Les prêtres des Grecs avaient un pouvoir considérable sur la masse du peuple ; mais ils n'en
exerçaient aucun sur les particuliers ; les nôtres au contraire nous environnaient, nous assiégeaient. Ils nous prenaient au sortir du sein de nos mères et ne nous quittaient
plus qu'après nous avoir déposés dans la tombe. Il y a des
hommes qui font le métier de vampires, qui vous sucent
de l'argent, le sang et jusqu'à la pensée.

Et plus loin : « Les gardiens du culte en Grèce, graves,
posés, vertueux, se tenaient dans la mesure de leur profession. Nos abbés, en manteau court, exhibaient à Paris
le vice, le ridicule et la sottise ; et l'on concevrait à peine
comment des hommes pouvaient ainsi se donner en spectacle, si l'on ne connaissait la bêtise et la friponnerie du
monde. »

La bêtise et la friponnerie du monde !

En 1802, après la signature du concordat et la restau-
tion officielle du culte, Chateaubriand passe dans le camp
des fripons ; il célèbre, sur le mode lyrique, les bienfaisantes beautés de l'esprit chrétien. Avec le *Génie du
Christianisme, les Martyrs, les Natchez, le Dernier des
Abencerages,* il exploite à son tour la simplicité du lecteur.

Comme la mienne, comme tant d'autres, votre jeunesse

paya tribut à cette rêverie maladive. Mais le triomphe de l'erreur ne dure qu'un temps. Seule la vérité est éternelle. On peut la refouler dans l'ombre et l'y maintenir un siècle, mille ans et plus. Il vient toujours un moment où elle apparaît au jour. Alors elle éclate, elle éblouit, elle triomphe.

« L'erreur n'est pas le but de l'esprit humain ; s'il faut compter avec elle, s'il est inutile de la dénigrer d'un ton amer, il ne faut pas non plus la vénérer. Les esprits logiques et larges tout ensemble sont toujours sûrs d'être suivis pourvu qu'on leur donne les siècles pour entraîner l'humanité. La vérité peut attendre ; elle restera toujours aussi jeune et elle est toujours sûre d'être un jour reconnue. Parfois, dans les longs trajets de nuit, les soldats en marche s'endorment sans pourtant s'arrêter ; ils continuent d'aller dans leur rêve et ne s'éveillent qu'au lieu d'arrivée pour livrer bataille. Ainsi s'avancent, en dormant, les idées de l'esprit humain. Elles sont parfois si engourdies qu'elles semblent immobiles ; on ne sent leur force et leur vie qu'au chemin qu'elles ont fait. Enfin, le jour se lève et elles apparaissent. On les reconnaît ; elles sont victorieuses ! » Guyau. (*L'Irréligion de l'avenir*).

Les idées ont cheminé lentement à travers la nuit du moyen âge et le clair obscur des temps modernes.

Les voici aux prises avec les mensonges réduits aujourd'hui à la défensive. Vous arrivez au bon moment pour prendre votre part d'une lutte depuis longtemps engagée entre la philosophie et le dogme. Le dogme ne triomphe plus insolemment comme au temps d'Innocent III ou de Léon X. Pressé par la marche ascendante des idées nouvelles qui conduisent l'humanité aux libérations totales, il se retranche dans ses dernières citadelles. Les phalanges noires se massent pour les suprêmes assauts. L'heure est intéressante aux vaillants que tentent les entreprises héroïques. Les hommes de cette génération assistent à la fin d'un Dieu et de son cortège de divinités auxiliaires.

Grand et rare événement ! Les Dieux vivent un peu plus

de temps que les hommes, trois ou quatre mille ans avec une agonie de durée relative. A leur tour, les déités chrétiennes prennent le chemin des musées où nos descendants les examineront parmi les Bouddhas, les Osiris, les Jupiter dont les temples en ruine attestent encore l'antique splendeur. Arrêtés devant les cœurs sanglants, les Christs pitoyables, les statues ridicules des saints, il se diront : Est-il possible que les contemporains de Renan, de Victor-Hugo et de Berthelot aient adressé leurs adorations à de pareilles images ? Mieux valait conserver le culte de Minerve.

On vous a trompé sur la valeur doctrinale du Christianisme et de ses résultats. Consultez les textes, interrogez l'histoire. En réalité, il est deux manières de concevoir l'Esprit chrétien.

Dans le sermon sur la montagne et la parabole du bon Samaritain, il apparaît riche de bonté et de miséricorde.

— Faites du bien à ceux qui vous haïssent.

— Priez pour ceux qui vous maltraitent.

— Aimez votre prochain comme vous-même.

— Faites du bien ; prêtez sans rien espérer.

— Ne jugez point et vous ne serez point jugé.

— Ne condamnez point et vous ne serez point condamné.

— Absolvez et vous serez absous.

— Donnez et il vous sera donné ; on versera dans votre manteau une bonne mesure serrée, secouée et débordante.

— Pourquoi vois-tu la paille qui est dans l'œil de ton frère et n'aperçois-tu pas la poutre qui est dans le tien ?

— Hypocrite ! Ote premièrement la poutre de ton œil et alors tu l'emploieras à ôter la paille entrée dans l'œil de ton frère.

Voilà l'esprit du bon chrétien, tendre, généreux, compatissant aux maux d'autrui, oublieux des injures, incapable de haine et de rancune.

Telles sont les bonnes femmes, modèles de piété modeste, ornement discret des primitives églises d'Asie et de Corinthe : Phœbée, Priscille, Julie, Nérée, Olympe, Perside, la bien aimée de Saint-Paul, la bien aimée qui a beaucoup travaillé pour le Seigneur.

Tel encore le Théodore dont Anatole France nous conte l'histoire, bon esclave de Nubie, berçant la jeune Thaïs en des rêves d'or, quand il lui racontait, d'une voix flottante et nasillarde, comment le bon Dieu avait fait le monde, au temps où l'esprit flottait sur les eaux et comment s'écoulait, éternellement réjouissant, le jour sans fin des élus, en des jardins merveilleux où de petits anges voltigeaient à travers les branches des grenadiers toujours chargés de fruits mûrs.

Théodore de Nubie c'est Vincent de Paul, ancien berger, réduit aussi en esclavage, âme simple, débordante d'amour pour tous les miséreux, mais dont la charité se trouve pourtant en défaut à l'égard des hérétiques jansénistes.

De ces braves gens il en est toujours dans notre humanité qui va du meilleur au pire. Phœbée, Perside la bien aimée, Saint-Théodore le Nubien, Saint-Vincent de Paul, s'inspirent des principes formulés dans le sermon sur la montagne.

Ils méprisent les richesses car le maître a dit :

— Ne prenez ni or, ni argent, ni monnaie dans vos ceintures, ni sac pour le voyage, ni deux tuniques, ni souliers, ni bâton.

Ils sont pitoyables, car le maître a dit : — Heureux les pacifiques, ils seront appelés fils de Dieu.

Ils réprouvent la persécution et ils la subissent sans se plaindre car le maître a dit : — Heureux ceux qui sont persécutés pour la justice. Le royaume des cieux est à eux.

Que leur importent les joies éphémères et les biens fragiles de la terre ? Ils jouissent par avance des éternelles béatitudes comme il apparaît dans le tableau mystique d'Ary Scheffer où Sainte Monique et son fils, sur la terrasse de la maison d'Ostie, les yeux perdus dans le ciel bleu, sont transfigurés par l'extase.

Ils dédaignent les vêtements fastueux et les titres honorifiques et les vaines manifestations de l'orgueil sacerdotal, car le maître leur a recommandé de ne pas imiter les scribes et les pharisiens dont l'ostentation s'étale dans la chaire de Moïse ; ceux-ci prêchent des vertus qu'ils ne pratiquent pas :

« Les scribes et les pharisiens lient des fardeaux pesants et difficiles à porter : ils les placent sur les épaules des hommes, mais ils ne veulent pas les remuer du doigt. Ils aiment la première place dans les festins et les premiers sièges dans les synagogues ; ils aiment à s'entendre appeler Monseigneur. Monseigneur ! Or un seul est notre Seigneur, et vous êtes tous frères. Quiconque s'abaissera sera élevé et quiconque s'élèvera sera abaissé. »

Ces chrétiens se réclament du Jésus assis à la table des pèlerins d'Emmaüs. Sauraient-ils se reconnaître dans les éminences dont la vanité s'étale sous des vêtements de soie, en de riches demeures si peu convenables à la modestie chrétienne ?

Le Christ farouche.

Nous connaissons un autre Christ, vrai fils de ce Dieu des vengeances qui déchaîne les tempêtes, ouvre les cataractes du ciel pour noyer ses créatures, hommes et bêtes, destructeur impitoyable des premiers nés d'Egypte, incendiaire du bazar de la Charité, Dieu d'Abraham, avide du parfum des chairs grillées, Dieu de la guerre auquel la Genèse prête ce propos : descendons et confondons leurs langues de manière qu'ils ne s'entendent plus les uns les autres.

Vous verrez ce Christ à Paris dans le tympan au-dessus du portail de St-Germain-des-Prés. Là, se trouve un buste de Jésus inquisiteur, front dur, implacable, image impressionnante de l'absolutisme dogmatique.

Rien de commun avec le bambino joufflu et souriant des madones de Bellini, le Christ consolateur de Scheffer ou le Christ de la miséricorde de l'Avignonais Guillermin.

C'est le Christ de St-Dominique, de Torquemada, des capucins de la Ligue, des Dominicains Olivier et Didon, du jésuite Coubé.

Sa fureur éclate en maints paragraphes des Evangiles, et même dans le sermon sur la montagne : — Malheur aux riches, malheur à ceux qui rient maintenant, car ils seront dans le deuil et les larmes.

Et ailleurs : — Plusieurs viendront de l'Orient et de l'Occident ; ils se mettront à table avec Abraham, Isaac et Jacob dans le royaume des cieux. Mais les autres, les fils du royaume seront jetés dans les ténèbres du dehors où il y aura des pleurs et des grincements de dents... Malheur à toi Chorazin, malheur à toi Bethsaïda ! Malheur à toi Capernaüm !

Ces pauvres villes de Galilée seront traitées aussi rigoureusement que Sodome parce qu'elles n'ont pas reconnu le fils de Dieu.

A qui la faute ?

Qu'est-il venu faire sur la terre ?

N'a-t-il pas annoncé qu'il était le Sauveur, le Rédempteur, l'arche d'alliance ?

Comment faut-il entendre la charité chrétienne ?

« Quant à mes ennemis, dit le maître dans l'évangile de St-Luc, xix, 27, amenez-les ici et faites-les mourir en ma présence... » ... « A moi la vengeance ! A moi la rétribution ! dit le Seigneur dans l'Epitre de Paul aux Romains. Et Paul ajoute : Si ton ennemi a faim donne-lui à manger ; s'il a soif donne-lui à boire, car, en agissant ainsi, tu *amasseras des charbons ardents sur sa tête !* »

N'est-ce pas d'une férocité hypocrite autant que raffinée ?

D'après Tertullien, la vue des souffrances éternelles infligées aux damnés apportera un supplément de joie aux élus admis dans le Paradis.

Que vous semble de cette bonté chrétienne ?

Le Christ dit dans l'Evangile de St-Mathieu : Ne croyez pas que je sois venu apporter la paix sur la terre ; je ne suis pas venu apporter la paix mais l'épée.

Etrange rédempteur !

La menace se réalisera dès les premiers siècles de l'ère chrétienne. Jésus était à peine rentré dans le ciel que les dissensions éclataient entre Chrétiens. Elles ensanglantèrent tout d'abord les côtes de Numidie. Donatistes et antidonatistes s'assommèrent dans les églises pour la gloire de leur Dieu. St-Augustin en gémit dans sa correspondance, tout en déclarant que la sainte Eglise se conduit en mère prudente quand elle supprime l'un de ses enfants pour sauver les autres.

L'épée de Jésus produira son effet pendant de longs siècles. Ce ne sera qu'une suite ininterrompue de massacres entre orthodoxes et hérétiques. Pourquoi ? Discussions théologiques sur la résurrection des corps, la divinité du Christ, la Trinité, le mystère de la Transubstantiation, l'Immaculée Conception, le phénomène de la grâce et autre folies. Un grand nombre d'esprits discutent encore là-dessus en des milieux spéciaux où la fureur ecclésiastique n'a rien perdu de son intensité. Elle ne produit pas les mêmes effets qu'au temps d'Arius, des Vaudois, des Albigeois, des Hussites, de Luther, Calvin et Jansénius pour cette unique raison que les prêtres et les moines ne disposent plus, à leur gré, du bras séculier.

Dans le syllabus de 1864, le Pape Pie IX réclame encore

pour l'Eglise le droit de réprimer par des châtiments la violation de ses lois.

Le glaive de Jésus a bien rempli son office. Quelle était donc sa mission ?

Le Christ et la famille.

Le Christ dit dans l'Evangile de Saint-Mathieu :

« Je suis venu mettre la division entre l'homme et son père, entre la fille et sa mère, entre la belle-fille et sa belle-mère. L'homme aura pour ennemis les gens de sa maison. Celui qui aime son père et sa mère plus que moi n'est pas digne de moi; celui qui aime son fils ou sa fille plus que moi n'est pas digne de moi. »

Les apôtres Jacques et Jean furent de très bons chrétiens. Pêcheurs de leur métier, ils se trouvaient dans une barque, occupés à réparer des filets, sur les bords de la mer de Galilée, lorsque Jésus, suivi de ses premiers compagnons, vint à passer : « Venez avec moi, leur dit-il, je vous ferai pêcheurs d'hommes. » Aussitôt Jacques et Jean abandonnèrent le vieux père. Qui s'occupera de lui? Il n'a plus qu'à mourir. C'est ce qu'il fait bientôt après, Jacques en étant informé dit à Jésus : Seigneur, permets-moi d'aller ensevelir mon père.

— Suis-moi, répond Jésus, et laisse les morts ensevelir leurs morts.

D'après Saint-Luc, un autre disciple dit à Jésus : — Je te suivrai, Seigneur, mais permets-moi d'aller d'abord prendre congé de ceux de ma maison. — Quiconque met la main à la charrue et regarde en arrière, répond le maître, n'est pas propre au royaume de Dieu.

Du même Saint-Luc : La mère et les frères de Jésus vinrent le trouver. Ils ne purent l'aborder à cause de la foule. On lui dit : Ta mère et tes frères sont dehors et désirent te voir. — Ma mère et mes frères, répondit Jésus, sont ceux qui écoutent la parole de Dieu et la mettent en pratique.

Et pourtant, il est écrit sur les tables de Moïse : Tes père et mère honoreras afin que tu vives longuement.

Ce mépris de la famille se manifeste dans une cérémonie catholique des plus révoltantes.

Lorsque la mère chrétienne a donné le jour à un enfant, elle doit se soumettre à la Purification. Vêtue de noir, enveloppée d'un crêpe et accompagnée de la sage-femme, elle va s'agenouiller sur les marches de l'autel. Un cierge à la main, elle s'humilie ; elle demande pardon au Dieu des Chrétiens d'avoir fait jaillir la vie de son flanc ; elle implore l'absolution du prêtre et le prêtre la lui accorde au prix d'un cierge et d'une messe. Cet homme, oublieux de ce qu'il doit à sa mère et à son père, ne voit pas l'odieux de son rôle.

Pourquoi ne pas soumettre le père à cette cérémonie purificatrice ?

Le Christ et le travail.

« Pourquoi vous inquiéter au sujet du vêtement ? dit Jésus. Considérez comme croissent les lis des champs ; ils ne travaillent ni ne filent ; cependant je vous dis que Salomon, même dans toute sa gloire, n'a pas été vêtu comme l'un d'eux. » Que signifie ce vêtement du lis ? Qui avait fabriqué la robe de Jésus et de ses apôtres ? Pourquoi s'en revêtir ? N'auraient-ils pas dû, pour être logiques, et nos prélats ne devraient-ils pas se dépouiller de leurs vêtements superflus pour étaler librement leur liliale nudité ? Jésus continue : « Regardez les oiseaux du ciel ; ils ne sèment ni ne moissonnent ; ils n'amassent rien dans les greniers et le Père céleste les nourrit. Ne vous

inquiétez donc point et ne dites pas : Que mangerons-nous ?
Que boirons-nous ? De quoi serons nous vêtus ? Cherchez
premièrement le royaume de Dieu et sa justice. Le reste
vous sera donné par surcroît. »

En conséquence, les apôtres avaient abandonné leurs
divers métiers. A la suite du maître, ils cheminaient sans
plus de soucis qu'une colonie d'étourneaux. Ils ne labou-
raient point. Ils ne semaient point. Ils laissaient à d'autres
ces soins vulgaires. Cependant ils avaient faim et soif comme
les autres. Au chap. x de son évangile, Saint-Mathieu nous
apprend comment procédaient les compagnons de Jésus.
Ayant appris où se trouvait la meilleure maison, ils allaient
s'y installer et se restaurer comme il convient à des hommes
insuffisamment alimentés par la parole de Dieu et par les
aliments de la table des oiseaux. En entrant dans la maison,
saluez la, disait Jésus : si la maison en est digne, que la
paix soit sur elle ; si elle n'en est pas digne, que la paix
soit sur vous.

C'est-à-dire : si le maître est généreux, donnez lui votre
bénédiction. Dans le cas contraire, maudissez-le.

Un matin, Jésus et ses apôtres arrivent dans la demeure
de Marthe et de Marie, filles de Lazare. Il fallait faire
déjeuner la nombreuse compagnie. Marthe, femme vaillante, se met en besogne. Marie, accroupie aux pieds de
Jésus contemplait le divin maître, indifférente aux occu-
pations de sa sœur.

Marthe s'indigne : Maître, dit-elle, te semble-t-il convenable que ma sœur reste inactive à tes pieds et me laisse
toute la peine ?

Que répond Jésus ? « Marthe ! Marthe ! tu t'inquiètes et
t'agites pour beaucoup de choses. Une seule est nécessaire.
Marie a choisi la bonne part qui ne lui sera point ôtée. »

Cependant Jésus et ses compagnons sont bien aises de
trouver des Marthe sur leur chemin, à l'heure des repas ; et
Marie, en sortant de l'oratoire, ne manquera pas de s'asseoir à la table commune pour y prendre sa part d'aliments.

Marie, amoureuse, indolente, mystique, inspire une tendresse particulière à Jésus. Marthe, femme active et courageuse, attachée aux œuvres du ménage n'a pas le temps de s'immobiliser sur les prie-Dieu en longues et muettes contemplations.

Pourquoi a-t-elle moindre part dans l'affection de Jésus?

Le parfait chrétien abandonne aux gens du commun le soin de le nourrir, de l'habiller et de le loger. Par de pieux et paisibles exercices, il méritera de participer aux joies éternelles tandis que les autres, occupés à tracer le sillon et à tisser la laine, auront petite part aux récompenses paradisiaques.

Singulière manière de sanctifier le travail et de pratiquer le justice !

Le travail intellectuel n'est pas plus en honneur dans le monde des saints. Ils professent un souverain dédain pour les sciences profanes : Nous n'avons que du mépris pour ces inutiles travaux, écrira l'évêque Eusèbe, au ive siècle. Nous tournons notre esprit vers de plus utiles objets.

Quels objets ?

Le monde chrétien divisé dès l'origine entre la doctrine d'Arius et celle d'Athanase se passionnait, s'invectivait, se heurtait, en de sanglantes mêlées, au sujet des personnes de la Sainte-Trinité.

Jésus est une personne parfaite, disait Arius, mais n'est pas Dieu. Jésus est un Dieu comme son père, disait Athanase. Cette querelle provoqua dans Alexandrie d'abord, et puis dans tout le monde chrétien de terribles conflits. C'est l'effet ordinaire des folies religieuses.

Le mystique se transforme facilement en fou furieux.

Les objets de méditation particulièrement chers aux saints de l'Eglise ne manquent pas d'une certaine originalité.

Saint-Thomas d'Aquin recherchera s'il y a des anges mâles et des anges femelles et sous quelle forme l'ange Gabriel apparut à Marie pour lui annoncer qu'elle allait enfanter. Avait-il la forme d'un beau jeune homme, d'un pigeon ou n'avait-il aucune forme sensible ?

Comment se manifesta l'émotion de Marie à l'heure de l'enfantement ?

Ici, Saint-Thomas entre dans d'étonnants détails gynécologiques que la décence interdit de reproduire.

Est-il permis de voler ? se demande Saint-Thomas. Oui, il est permis de voler ; il est même obligatoire de voler lorsque l'ordre vient de Dieu. Tel fut le cas des Israélites à leur départ d'Egypte. Par ordre de Dieu, ils emportèrent les vases sacrés des Egyptiens.

Est-il permis de procréer ?

Oui, répond encore St. Thomas. Il faut procréer, lorsque Dieu l'ordonne. Cette obligation fut imposée au prophète Osée, fils de Bééri. — Va, lui dit l'Eternel. Prends une femme débauchée et obtient d'elle des enfants illégitimes. Osée prit Gomer, fille de Diblajim. Elle conçut et lui donna un fils. — Tu l'appelleras Jézréhel, dit l'Eternel, son parrain.

L'Eternel était parfois folâtre.

L'Eglise contemporaine poursuit son œuvre d'abêtissement avec une intrépidité qui déconcerte. Les Assomptionnistes sont passés maîtres en cet art d'entretenir autour des familles chrétiennes une atmosphère de lourde stupidité. Il faut lire le *Pèlerin* et le journal-revue *Noël*, pour comprendre jusqu'où peut aller, en cette voie, l'audace d'un moine trafiquant de bêtise humaine.

Voici un extrait d'un numéro récent du *Noël* :

« Quel âge aurons-nous au ciel ? — R. Nous y serons parfaits de corps et d'âme, nous y aurons trente-trois ans, disent quelques auteurs.

« Qu'est devenue l'âme de Lazare avant sa résurrection ? — R. Pendant les quatre jours où Lazare demeura au tombeau, son âme fut reçue dans un endroit particulier des limbes.

« Peut-on croire que les personnes ayant charge d'âmes

ont plusieurs anges gardiens ? — R. Comme personnes privées, elles ont comme tout le monde chacune un seul ange gardien. Mais à titre de chef de groupe, de l'Eglise par exemple, ou d'une communauté, ils sont éclairés par un ange supérieur, un archange par exemple.

« Comment sainte Thérèse a-t-elle pu voir en enfer un enfant de quatre ans seulement ? — R. Il était très précoce, et avait dû pécher gravement.

« Est-il vrai que le diable apparaît dans les Loges maçonniques ? — R. Il n'y a rien d'impossible. Il se peut que parmi les faits rapportés, beaucoup ne soient pas vrais, mais il y en a de suffisamment autorisés pour être regardés comme authentiques.

« Un prêtre a-t-il le pouvoir de conjurer le feu, d'écheniller les plantes ? — R. Oui, le prêtre a ces pouvoirs, bien que l'effet n'en ait pas l'infaillibilité des sacrements ».

Après la mort de Pie IX le *Pèlerin* racontait, avec des détails, sa réception au Paradis. La Vierge Marie lui donne une couronne ; de son côté, Sainte Anne lui fait un précieux cadeau, « probablement », dit le pieux journal, par prudence d'informateur scrupuleux. Mais il affirme que Saint-Joseph « lui serra cordialement la main en le remerciant de l'avoir nommé protecteur et patron de l'Eglise. »

Les publications ecclésiastiques abondent en traits de ce genre. Quelle peut être la valeur intellectuelle et l'autorité morale des femmes alimentées de pareille littérature ?

Les Chrétiens tenaient en petite considération les philosophes, les savants, les poètes de l'Ionie, de la Grèce, de Rome, non initiés aux saints mystères et pernicieux par conséquent à la jeunesse chrétienne. Les hommes d'Église professent toujours les mêmes opinions. Monseigneur Gaume, protonotaire apostolique, en donne ses raisons dans le *Ver rongeur* paru en 1851. L'étude de Platon, Aristote, Sophocle, Virgile, Horace, Cicéron, Sénèque, ne peut que corrompre les jeunes esprits. Rien n'est comparable aux œuvres de St-Bernard, de St-Bonaventure, d'Albert le Grand, de St-Thomas.

La Renaissance a produit à cet égard de détestables effets, assure Monseigneur Gaume.

Mépris du travail, de la paternité, de la famille, des recherches scientifiques, anéantissement de l'intelligence, de la volonté, de l'énergie, de l'activité fécondante, tel est l'idéal du parfait chrétien.

Il n'est jamais question dans l'Evangile des devoirs des enfants envers les parents et des devoirs des parents à l'égard des enfants. Une seule chose préoccupe le Maître et ses apôtres ; une seule chose est essentielle : conquérir le royaume de Dieu. Tout le reste, honneurs, gloire, science, talents et joies quelconques, sans en excepter les plus belles, sauf les joies monacales et sacerdotales, ne sont que vanité.

Les solitaires de la Thébaïde, absolument logiques dans l'application de leurs principes, poursuivirent tout d'abord la réalisation de cet idéal. L'Eglise ne pouvait que les offrir en modèle en les sanctifiant.

Le type de l'espèce est Siméon le stylite. Accroupi sur le sommet d'un fût de colonne, il vécut là, en muette contemplation, pendant 16 ans, assurent les hagiographes. Avec ses pareils, il jouit des béatitudes éternelles, juste récompense des services éminents rendu par cet anachorète à notre humanité.

L'Eglise honore ces héros. Voltaire leur accorde peu de considération : « Gardez-vous, dit-il, d'établir un culte pour des gredins qui n'ont eu d'autre mérite que l'ignorance, l'enthousiasme et la crasse ; qui se sont fait un devoir et une gloire de l'oisiveté et de la gueuserie. Ceux qui furent au moins inutiles pendant leur vie, méritent-ils l'apothéose après leur mort ? »

Et pourtant, il n'est point d'orgueil comparable à celui de

ces contemplatifs qui, parce qu'ils ne font rien, se croient
supérieurs à ceux qui font tout.

> Et dire que la terre est toute entière en proie
> Aux affirmations de ces prêtres sans joie,
> Sans pitié, sans bonté, sans flambeau, sans raison,
> Dont l'ombre, l'ombre, l'ombre et l'ombre est l'horizon.
>
> Victor Hugo.

Résultats.

A l'œuvre on connaît l'artisan. La valeur effective de
la religion chrétienne apparaît dans les nations catholiques
les plus étroitement soumises à l'autorité romaine.

Le protestantisme, du moins le protestantisme libéral,
ne reflète pas exactement la doctrine évangélique. Il tient
de la philosophie plus que d'une religion. Les protestants
échappent à l'unité, à la servitude dogmatique ; ils se di-
visent en plusieurs sectes indépendantes. Ils discutent, ils
commentent, ils interprètent les textes avec une liberté
qui n'étouffe pas totalement l'activité intellectuelle.

Ils n'admettent ni direction d'un chef suprême et infaillible, ni célibat imposé, ni vœux congréganistes, restrictifs
du libre arbitre. De là vient la supériorité des peuples
protestants sur les peuples catholiques. Dès la fin du
xvi⁰ siècle, on assiste à l'ascension continue des collectivités
conquises à la réforme. La vigueur des races saxonnes
s'affirme et s'impose tandis que s'accuse la dégénération
des races débilitées par le régime catholique.

L'Irlandais, le Sicilien, le Napolitain, l'Espagnol témoignent de la malfaisance de l'Eglise. Tous ceux qui trempent
leurs lèvres dans la coupe de cette Circé y laissent leur
énergie propre ; ils se transforment en bêtes.

Le christianisme est une grande école de respect, a dit

3

Guizot. Protestant orthodoxe, plus catholique par tempérament que protestant, il admirait la puissance du dogme
impératif, qui réfrène l'esprit d'insubordination. A cet
homme autoritaire, le catholicisme chrétien fournissait un
bon système de gouvernement. Il confondait le respect
raisonné avec l'esprit de servitude.

Le respect se justifie par les qualités de la personne
honorée, par la supériorité reconnue des doctrines. Un
respect aveugle dégrade celui qui le rend, sans autre
résultat que de gonfler la vanité de celui qui en est l'objet,
et d'en faire un sot.

L'Espagne, dit Renan, offre un frappant exemple de la
déchéance intellectuelle à laquelle conduit fatalement l'exa-
gération du respect dans l'ordre religieux.

La France a échappé à pareille ruine. Notre génie répugne
au respect irréfléchi. Son insubordination naturelle s'affirme
dès le moyen âge, dans les fabliaux et les comédies. Il
triomphe avec Rabelais, Molière et Voltaire.

Vainement Charles IX et Louis XIV essayent de le noyer
dans le sang ou de le détruire par d'odieuses persécutions.
L'esprit ironiste particulier à notre race et un plus grand
amour des droits attachés à la personne, nous ont préservés,
malgré tout, du sort des Espagnols.

Après la dislocation de l'empire romain, alors que les
Francs, les Burgondes, les Wisigoths envahissaient la
Gaule, les évêques exercent sur ces barbares une action
quelquefois bienfaisante et profitable aux populations dé-
pourvues d'autre défense. Mais l'église s'organise au
xi° siècle avec Grégoire VII. Elle devient une grande puissance centralisée à Rome avec Innocent III, au commencement du xiii° siècle. Dès ce moment, ce n'est plus qu'un
instrument de persécution implacable contre tout agent
d'émancipation et d'amélioration sociale, fléau des peuples
soumis à son joug, durement hostile à tout progrès, à tous
les libérateurs. Au nom du Christ, le sang coule abondam-
ment dans l'ancien et le nouveau monde. Jamais religion

ne fut si cruelle à l'humanité ; aucune ne poussa l'intolérance
aussi loin ; aucune ne s'appliqua avec tant de force haineuse,
à tarir les sources de la vie. Nietzsche en conclut avec
raison qu'il faut combattre dans le Christianisme cette
volonté opiniâtre de briser les âmes les plus nobles et les
plus fortes. « Nous combattons, dit-il, cet idéal qui, par sa
beauté maladive, sourit à toutes les lâchetés des âmes
lasses, (et les plus forts ont leurs heures de lassitude), qui
exploite leur fatigue, qui rend venimeux et malades les
instincts les plus nobles, jusqu'à ce que les forts périssent
des excès de leur mépris d'eux-mêmes et des mauvais
traitements qu'ils s'infligent à eux-mêmes. De cette fin
épouvantable Pascal présente l'exemple le plus célèbre.

« A celui qui garde aujourd'hui quelque équivoque dans
ses rapports avec le Christ inanimé, je ne tendrai pas le
dernier doigt de ma main. Il n'y a ici qu'une seule façon
d'être sincère : c'est de prononcer un non absolu, un non
dans la pensée et dans l'action. »

Il n'est pas vrai, en effet, que la société moderne puisse
composer avec l'Eglise chrétienne. La société moderne
marche délibérément vers la science antidogmatique. Entre
la science et la religion, il ne peut y avoir qu'antagonisme
irréductible parce que leurs objets et leurs méthodes sont
essentiellement opposés. Pour les dieux justement méfiants
l'esprit scientifique reste l'esprit satanique.

Cependant l'heure est solennelle où périt une religion qui,
naïvement pratiquée par ses fidèles, transmise de génération
en génération, étroitement unie à la vie domestique, berça
pendant des siècles une multitude de créatures. Comme
rien ne nous attire plus que le sourire décevant des chimères,
les propagateurs des idées nouvelles assument une tâche
difficile. Car il ne s'agit pas seulement de détruire. Il faut
remplacer, satisfaire au besoin d'idéal et de rêve, fournir
une doctrine directrice convenable aux conditions de la vie
présente. En avons-nous une capable de rendre les hommes
meilleurs et plus heureux ? En avons-nous une susceptible

d'établir une règle de vie fondée sur des principes plus fermes et plus efficaces que les autres ?

D'abord on ne saurait contester que la religion chrétienne pas plus que les autres n'a rendu les hommes ni meilleurs ni plus heureux. Elle aurait fait ses preuves depuis longtemps dans les pays soumis à son autorité souveraine, et alors, nous n'aurions pas besoin d'autre système. Or, « l'histoire démontre sans réplique que la religion et la morale ne se fortifient point, ne se développent point ensemble mais qu'au contraire les époques et les contrées les plus religieuses ont été et sont souvent, d'après l'expérience de tous les jours, le théâtre des plus nombreuses infractions morales, des crimes les plus nombreux ». BUCHNER. *(L'homme selon la science.)*

Les Turcs, les Marocains, les Bulgares, les Albanais, les Grecs, les Kurdes sont des gens très attachés à leur culte. Les haines les plus farouches travaillent leurs contrées et y sèment la mort. Considérez la Russie. En aucun pays la religion ne se mêle plus intimement à la vie nationale. Quel avantage intellectuel et moral en tire-t-elle ? Au début de la guerre russo-japonaise, l'ancien précepteur du czar Nicolas II, le procureur général du Saint Synode, porte-parole du Rédempteur, envoyait à son impérial élève une adresse ainsi conçue : « Jésus-Christ t'a imposé la mission sacrée d'ériger la croix orthodoxe en Extrême-Orient, au milieu des populations qui croient aux idoles et non pas en Dieu, et qui, par conséquent, ne reproduisent pas l'image divine mais ressemblent à l'espèce impure des singes. »

Ce solennel imbécile se refuse à voir dans les Japonais des frères en humanité ; il les assimile à l'espèce des singes. Espèce impure ! Pourquoi impure ?

Interrogeons les chrétiens de l'Amérique anglo-saxonne. Dans un livre sensationnel, *Le salut de la race blanche et de l'Empire des mers*, le capitaine Mahan, officier de la marine des Etats-Unis, développe cette thèse que les peuples d'Occident ont le devoir impérieux de se jeter sur les peuples d'Orient pour les contraindre à subir leur direction intellectuelle, sous le joug de la Croix. Guerre inévitable. Pourquoi? Mahan déclare que la terre n'est pas assez grande pour donner place à ces deux doctrines, d'un côté la doctrine chrétienne et de l'autre celle des bouddhistes, des brahmanistes ou des confucianistes. Sur mer, l'Angleterre et l'Amérique ; sur terre, la France, l'Allemagne, l'Espagne, l'Italie, les pays Scandinaves, tous les Slaves, tous les Latins, tous les Germains, tous les Saxons doivent s'unir pour procéder à l'écrasement et à la soumission des gens de race asiatique.

Ce rêve féroce de guerrier saxon et chrétien a été commenté, approuvé et offert à notre admiration par un professeur de Sorbonne atteint du mal nationaliste.

Un des effets ordinaires de l'esprit religieux est de provoquer la rage. Les dieux réclament toujours du sang, aujourd'hui comme au temps d'Agamemnon ou d'Asdrubal. Baal, Moloch, le Dieu de Jacob et de Mahomet, le Christ d'Innocent III, de Catherine de Médicis, de Philippe II d'Espagne et de Louis XIV, appartiennent à la même catégorie de divinités.

Au xvi° siècle, en même temps que se constituait l'ordre des Jésuites, les papes réalisent leur rêve de soumettre l'Italie à leur direction absolue, sinon politique, du moins spirituelle. Conséquences? Sismondi les expose magistralement dans le dernier chapitre de l'*Histoire des Républiques italiennes*.

Jusques à la seconde moitié du xvi° siècle, l'Italie est tumultueuse, mais féconde. Républiques, principautés, duchés, rivalisent de fièvre politique, artistique, intellectuelle et commerciale.

A Florence, à Pise, à Padoue, à Bologne, à Milan, à Venise, à Ferrare, l'activité est intense.

Chaque ville veut posséder son université, ses académies, ses écoles d'art. En dehors des états pontificaux, la pensée se manifeste librement ; matérialistes, spiritualistes, Juifs, Chrétiens, travaillent, en leur laboratoires respectifs, en toute sécurité.

Changement soudain avec la prédominance des papes. Le tribunal de l'Inquisition fait la chasse aux hérétiques et libres-penseurs ; les Juifs subissent toutes sortes d'humiliations et de persécutions. « Avec le triomphe de l'unité de foi, apparaît une science nouvelle. La casuistique se substitue aux investigations de la pensée libre. Les schismatiques, les blasphémateurs sont voués à l'exécration publique ; ils occupent sur l'échelle du crime un degré supérieur à celui du brigand, de l'empoisonneur, du parricide. La doctrine de la pénitence cause une nouvelle subversion dans la morale déjà confondue par la distinction arbitraire des péchés mortels et véniels. Les casuistes dénaturent la doctrine consolante du pardon en imposant des formes précises à la pénitence, à la confession, à l'absolution. Un seul acte de foi et de ferveur fut déclaré suffisant pour effacer une longue liste de crimes. La vertu, au lieu d'être la tâche constante de toute la vie, ne fut plus qu'un compte à régler à l'article de la mort.... Le prêtre vit des péchés du peuple et de ses terreurs ; le pécheur moribond prodigue, pour payer des messes et des rosaires, l'argent qu'il a souvent ramassé par des voies iniques ; il apaise sa conscience au prix de l'or.

« Lorsqu'on voit deux cents jours d'indulgence promis pour chaque baiser donné à la croix qui s'élève au milieu du Colisée, comment concilier la justice de Dieu ou sa miséricorde avec le pardon accordé à une si faible pénitence ou avec le châtiment réservé à celui qui n'est point à portée de le gagner par cette voie si facile ? » SIMONDI. (*Histoire des Républiques italiennes*).

Les Jésuites organisent leurs exercices de piété.

Le salut est assuré beaucoup moins par les actes méritoires que par des procédés dévotieux dus à l'ingéniosité d'habiles praticiens. Il est superflu de penser ; les révérends pères suppriment cette fatigue. Il suffit de réciter mécaniquement certaines oraisons, de débiter le chapelet, de psalmodier les litanies et Dieu est content. Entr'autres prières, les élèves du *Collegio Romano*, réciteront chaque jour, cent soixante fois *Ave Maria*.

Le jésuite connaît la vertu de ce procédé ; cette tautologie a pour effet certain de plonger le sujet dans la léthargie ; par elle, le dévot s'élève à l'état de sainteté, c'est-à-dire d'impuissance cérébrale. Il est mûr pour le Paradis.

Ce système religieux a été assez longuement pratiqué en Italie, en toute souveraineté, pour que nous puissions le juger à ses fruits.

Voulez-vous d'autres exemples ? Examinez les conséquences de la victoire des chrétiens sur les musulmans, en Espagne, au xvᵉ siècle. Dès que le sud de l'Espagne est conquis par la dynastie des Omniades, la civilisation s'y développe avec une étonnante rapidité. La dynastie des Omniades se distingue par son esprit de large tolérance.

Respectant l'exemple donné par son fondateur Moawiah, elle rompt avec les pratiques d'un fanatisme sanguinaire. Elle accorde une généreuse protection à tous les savants sans distinction d'origine, de race et de religion. Chrétiens, juifs, mahométans, philosophes, peuvent pratiquer leurs cultes respectifs ou n'en pratiquer aucun avec une égale liberté. Dans les heureuses régions de l'Andalousie, on ne connaissait plus les dissensions religieuses ; « On ne s'inquiétait ni du pays où un savant avait vécu ni de la religion où il était né ; on ne regardait que son mérite. Le grand calife Al Mamum n'avait-il pas déclaré qu'ils sont les élus de Dieu, ses meilleurs et ses plus utiles serviteurs, ceux qui consacrent leur vie au développement de leurs facultés naturelles ; que ceux qui enseignent la science et la religion sont les luminaires et les législateurs du monde, lequel retomberait, sans leur secours, dans l'ignorance et la barbarie ? » DRAPER. (*Conflit de la science et de la religion*).

Les arts, les lettres, les sciences, médecine, histoire naturelle, mécanique, mathématiques, astronomie, brillaient d'un vif éclat tandis que les pays soumis au clergé romain restaient plongés dans l'ignorance, tourmentés par les misères de toute nature. Le sud de l'Espagne garde quelques témoignages de cette civilisation dans ses plus beaux monuments, dans ses ports, routes, travaux hydrauliques.

Mais que de richesses anéanties le jour où les forces unies de Ferdinand d'Aragon et d'Isabelle la catholique triomphent des Maures de Grenade ! Les six cent mille volumes des califes de Cordoue, les bibliothèques de Valence et de Grenade, enrichies de textes grecs, alexandrins, latins, hébreux, furent brûlés sur les places publiques.

La prospérité de ces régions déclina aussitôt. Le fanatisme prit possession du pays ; il en a fait ce que l'on sait. Sur les cendres de ce foyer qu'était le pays de Grenade et de Cordoue, l'Espagne catholique, ignorante, asservie au clergé et aux moines, atteste la malfaisance de l'Eglise romaine.

« La création s'offre à l'étude de l'homme ; le prêtre déteste cette étude et tient la création pour suspecte ; la vérité latente, dont le prêtre dispose, contredit la vérité patente que l'univers propose. De là un conflit entre la foi et la raison. De là, si le clergé est le plus fort, une voie de fait du fanatisme sur l'intelligence.

« S'emparer de l'éducation. saisir l'enfant, lui remanier l'esprit, lui repétrir le cerveau, tel est le procédé. Il est fort redoutable ; toutes les religions ont ce but : Prendre de force l'âme humaine.

« *C'est à cette tentative de viol que la France est livrée aujourd'hui.*

« *Essai de fécondation qui est une souillure.*

« *Faire à la France un faux avenir, quoi de plus terrible ?*

« *L'intelligence nationale en péril, telle est la situation actuelle.*

« L'enseignement des mosquées, des synagogues et des presbytères est le même. Il a l'identité de l'affirmation dans la chimère ; il substitue le dogme, cet empirique, à la conscience, cet avertisseur. Il fausse la notion divine innée ; la candeur de la jeunesse est sans défense. Il verse dans cette candeur l'imposture et, si on le laisse faire, il en arrive à ce résultat de créer chez l'enfant une épouvantable bonne foi dans l'erreur.

« Abrutir est un art.

« *Les prêtres des divers cultes appellent cet art liberté d'enseignement.*

« Ils n'y mettent aucune mauvaise intention, ayant eux mêmes été soumis à la mutilation d'intelligence qu'ils voudraient pratiquer après l'avoir subie.

« Le castrat faisant l'eunuque, cela s'appelle l'enseignement libre. » VICTOR HUGO: (*Depuis l'exil*).

Victor Hugo écrivait ces lignes peu après les événements de 1870-71. La France sortait toute meurtrie de la guerre franco-allemande. Les Jésuites pensèrent que le moment était venu de porter leur viatique au chevet de cette nation désemparée. Heure propice à leurs desseins. Imposer leur direction au pays de Voltaire et de la Révolution ! Quelle revanche !

Ils formèrent ce rêve et peu s'en fallut qu'il ne se réalisât. Ils avaient combiné leur plan avec cet esprit de suite, cette habileté sournoise et tenace qui donnent à leur compagnie une force particulière et en ont fait une des choses les plus redoutables du monde.

Les républicains voyaient, avec terreur, grandir tous les jours leur puissance. La congrégation occupait l'Elysée, elle triomphait dans tous les ministères, dans toutes les grandes directions administratives. Les états-majors des armées de terre et de mer, les financiers, les industriels, le gros commerce, la grande propriété recherchaient sa direction comme une garantie salutaire contre les projets d'une démocratie dont les progrès l'inquiétaient.

A la Congrégation appartenait la direction des grandes écoles : Polytechnique, Navale, Saint-Cyr, École Forestière. Elle s'installait même à l'Ecole normale supérieure dans la maison que le conventionnel Lakanal avait fondée pour en faire un laboratoire de haute culture du génie français.

L'école de la rue d'Ulm devenait une succursale de celle de la rue de Madrid. M. Ollé Laprune, un illuminé, un fidèle de Saint-Antoine de Padoue et de Notre-Dame de Lourdes, affilié au tiers Ordre, y enseignait la philosophie. Il ne craignait pas d'exposer toute sa pensée dans ce petit volume : *Les sources de la paix intellectuelle.* Il y déclarait que, pour réparer ses désastres, pour redevenir prospère, la France n'avait qu'à se jeter aux pieds du Saint-Père, faire amende honorable, implorer le pardon de ses fautes antérieures, effacer la Révolution, se soumettre à la direction souveraine de l'Eglise sans *condition* ni *restriction.* Ce sont les propres termes de ce maître de philosophie.

Dans cette même école normale, l'enseignement de la littérature est confié à M. Brunetière, un désabusé de la civilisation, un aigri, un éclopé de la bataille de la terre, un de ces esprits chagrins et timorés qui demandent aux philtres religieux l'apaisement de leurs inquiétudes.

La Congrégation triomphait dans la plupart des Facultés où ses agents avaient mandat de fausser l'intelligence de la jeunesse française pour la préparer à tenir tête à une démocratie trop avide de lumière et de justice. Il importait de contenir ses aspirations, de la maintenir dans l'état de soumission favorable aux intérêts des classes dominantes.

Les agents de la culture romaine se retrouvaient dans tous les établissements scolaires de l'Etat. Un professeur de l'Université de Paris, sollicité de fournir un autographe à la *Revue Larousse*, envoyait cet aphorisme grotesque :

L'éducation sans Dieu est un infanticide intellectuel !

Dans les voitures publiques, on rencontrait parfois des officiers occupés à des exercices de piété.

A ces éléments ajoutez le concours passionné des femmes de toute condition, dévotes jeunes et vieilles, anciennes danseuses, artistes de café-concert en retraite, pécheresses mondaines et demi-mondaines, duchesses et marquises, baronnes de l'œil de bœuf, bourgeoises vaniteuses de petite intellectualité, armée enjuponnée au service du pape, menée à la bataille par leurs maîtres Capucins, Domini-cains, Assomptionistes, Jésuites, qui les affolent par l'un quelconque des procédés dont sont fournis les arsenaux de ces archanges voués à la virginité, vous pourrez vous rendre compte de l'état inquiétant où s'est trouvée la France sous le septennat de Mac-Mahon jusqu'au moment où les phalanges de la démocratie, organisée de son côté, avec des éléments contraires et sous des directions autre-ment françaises, ont pu après les élections générales de 1877, entamer les lignes de cette étrange cohue, qui se caractérise par la misère morale affirmée dans les pra-tiques les moins honorables : le mensonge audacieux, la calomnie savante, la pratique du faux, de l'empoisonne-ment et de l'assassinat, conséquences naturelles des défor-mations opérées par les maîtres congréganistes.

Ces phénomènes morbidés apparaissent toutes les fois qu'une circonstance politique offre à l'Eglise catholico-chrétienne l'occasion d'encourager ou de provoquer une régression dont elle escompte le bénéfice au détriment du progrès social. On l'a bien vu à toutes les époques où se sont produits des attentats contre la liberté de conscience, les libertés politiques, les garanties judiciaires. Elle s'est associée aux aventuriers groupés autour du général Bou-langer. Sur elle retombe en majeure partie la responsa-bilité de l'abominable affaire Dreyfus.

Peu lui importe la propreté des instruments. Elle liera partie avec Napoléon, avec Boulanger, avec Estherazy; elle s'associera à toutes les manœuvres criminelles ; elle entretiendra savamment la discorde ; elle soufflera les haines, s'efforçant de conduire à la ruine et à la honte le pays de la Révolution.

L'Eglise fête Siméon le stylite et Saint-Antoine de Côme qui distribua tout son bien aux pauvres et se retira dans la solitude. Ses prêtres, tous les dimanches, donnent lecture de l'Evangile du haut de la chaire de vérité et cette lecture devrait provoquer la révolte des fidèles si les fidèles étaient capables de raisonner. Quel rapport entre le Christ d'Emmaüs et ces prêtres sans pudeur, marchands de titres nobiliaires, de décorations, de messes, de prières, d'amulettes, de cierges, de dispenses, de liqueurs, de chocolat, de confitures et de miracles, hommes redoutables aux familles pieuses dont ils convoitent les biens et aux jeunes héritières que dirigent les éducateurs congréganistes ?

Actuellement, en Espagne, où l'industrie ecclésiastique peut se pratiquer sans entrave comme sans vergogne, il se fait un commerce d'indulgences bien propre à mettre en lumière la pauvreté mentale de ceux qui achètent et l'audacieuse friponnerie de ceux qui vendent. Ces indulgences se délivrent sous forme de billets tirés d'un carnet à souches. On les appelle *bulas* ; on les trouve chez les prêtres et aussi chez les libraires et chez les épiciers là où il n'est pas de libraire. Les prix varient de 0 fr. 60 à 5 francs. On rachète un vol de 15 francs pour une peseta (1 franc), et un vol de 45 francs pour 4 pesetas. Au delà de 750 pesetas, on traite à forfait. Le pape prélève une commission de 6 %. Les *bulas* portent le sceau et la signature de l'archevêque de Tolède. Maîtres de vertu ? quelle ironie !

Ce qui provoque l'indignation du philosophe c'est que jamais l'usage du mensonge et de l'hypocrisie, la rapacité et la luxure ne s'étaient joints à une si insolente prétention au gouvernement du monde. Les prêtres d'Esculape, près de la source miraculeuse d'Epidaure, ceux d'Apollon, à Delphes, exploitaient la crédulité mais ils ne prétendaient pas au gouvernement intellectuel, moral et politique de leurs contemporains. Ils ne faisaient point profession d'ascétisme; ils ne prêchaient pas le dédain des biens de la terre.

L'esprit catholique n'est qu'une grossière parodie de l'esprit chrétien tel qu'il se dégage de la parabole du bon Samaritain ou de cette admirable histoire de la femme adultère dont s'inspira notre loi de pardon.

L'image du bon Samaritain n'est qu'une enseigne trompeuse placée sur la porte des officines romaines afin de surprendre la confiance du client non moins facile à abuser qu'au temps où les chênes de Dodone rendaient des oracles.

D'où vient la déchéance d'une bonne part de la bourgeoisie française? Plusieurs descendants des membres de ce Tiers-Etat, qui accomplit la Révolution, les héritiers de ces paysans affranchis des droits féodaux et devenus propriétaires terriens, par l'achat, à bon compte, des biens nationaux, se sont inquiétés dès que la masse des prolétaires, non participants au festin, mais conscients de leurs droits sociaux et de leur force, a réclamé l'application du principe de solidarité.

Tant que la République procurait à cette bourgeoisie honneurs et bénéfices, elle proclamait les avantages du régime. Elle le défendait contre les agents des anciennes servitudes. Or, des profondeurs de la masse démocratique monte l'appel angoissant des mères malheureuses, des enfants, des vieillards, des invalides en détresse. Des camarades qui prirent leur part des combats pour la conquête des libertés communes, mais que le sort n'a point favorisés, invoquent le secours des compagnons d'armes plus heureux.

Et ceux-ci, montés en grade, installés en de confortables demeures, bien rentés, n'ont pu se défendre d'un engourdissement peu propice à la culture héroïque. Cette classe moyenne, bénéficiaire de la Révolution, a invoqué le concours des milices romaines. Elle a installé à son foyer l'agent congréganiste, livrant à sa direction l'intelligence, la conscience de sa femme et de ses enfants. Son fils se proclamera camelot du roi ; sa femme et sa fille prendront sous leur protection les petits pères et les petits frères voués à Jésus, à Marie ou à Saint Joseph.

Voici donc son idéal familial : Saint Joseph, père vierge, gendre honoraire de Dieu ; Marie, mère vierge ; leur fils miraculeux, Jésus, époux mystique, des Sainte Catherine, des Sainte Thérèse, des Marie Alacoque, d'une multitude de femmes folles, chlorotiques, névrosées, hystériques.

Ces gens là aspirent à gouverner la France, ils réclament la mission de restaurer en ce pays la morale, le respect de l'autorité, l'observation de la discipline. Ils s'attribuent le rôle de classe dirigeante. Que vous semble de cet idéal catholico-romano-chrétien ?

Et l'autre, pourriez-vous me dire, que vaut-il ? De quel idéal s'inspirent les dirigeants actuels dans la pratique de leur vie privée ou dans l'exercice de leurs fonctions publiques ? Ce que j'entends, ce que je lis, ce que je vois dans mon propre entourage, ne témoigne pas de la valeur supérieure de ceux qui gouvernent la République. Un terme nouveau, l'arrivisme, caractérise les mœurs de ces contemporains.

Réussir dans ses entreprises, acquérir des honneurs et de la richesse, par des procédés habiles ou audacieux plutôt que par de louables et patients efforts, n'est-ce pas là préoccupation dominante du plus grand nombre ? Combien sont-ils les hommes droits et de volonté ferme qui s'inspirent dans leurs actes d'une haute pensée directrice et qui donnent l'exemple d'un beau courage mis au service du bien public? Où sont les modèles dignes d'être offerts à une jeunesse républicaine que l'on voudrait élever dans le culte des vertus démocratiques ?

Oui, on doit reconnaître que nos hommes politiques, dans leur ensemble, ne sont pas faits pour entraîner à la pratique des qualités morales sans lesquelles une démocratie ne saurait prospérer. Nous vivons une période de transformation et de transition. Les générations actuelles grandissent sur un sol jonché des débris d'anciennes idoles auxquelles les ancêtres adressaient leurs hommages. Il leur manque le fil conducteur approprié aux aspirations intellectuelles de la société moderne.

Mais voici que les esprits sont en travail. On constate ; on cherche ; on se préoccupe de donner satisfaction aux besoins moraux que réclament nos institutions sous peine de rester frappées d'impuissance et d'aboutir à de périlleuses révoltes. Le Christianisme a mis plusieurs siècles à faire triompher une autorité dont les esprits avertis ne contestent plus les vices. Les éducateurs modernes réclament le temps nécessaire à l'édification des temples nouveaux. La liberté bienfaisante, stimulant les bonnes volontés ne saurait manquer d'aboutir à un résultat. L'œuvre civilisatrice se poursuit tous les jours. Votre propre préoccupation, commune à tant d'autres, en est une preuve.

On lit dans le journal intime de Tolstoï : « J'ai reçu un livre italien sur l'enseignement du Christianisme à l'école. Cette idée, qu'enseigner aux enfants la religion est leur faire violence, est une idée juste. C'est cette séduction des enfants dont parlait le Christ. Quel droit avons-nous d'enseigner ce qui est discuté et nié par une énorme majorité : la Trinité, les miracles de Bouddha, de Mahomet, du Christ ?... La seule chose que nous puissions et nous devions enseigner, c'est la morale. »

D'autres estiment avec Platon que la foule ne peut pas être philosophe et que la vérité doit lui être présentée sous des formes allégoriques et mythiques. Les mystères ne seraient que des allégories adaptées à l'intelligence du vulgaire. Si c'est là une fraude, déclare Schopenhauer, c'est vraiment une fraude pieuse. Les prêtres de l'antiquité égyptienne et grecque pratiquèrent cette méthode. Ils divisaient les adeptes en deux catégories : les exotériques et les esotériques, les profanes et les initiés. A ces derniers seuls on communiquait la connaissance des vérités dissimulées sous le voile des symboles, soit que la vérité leur apparut comme un bien trop estimable pour être profanée par une divulgation sans réserve, soit que la simple vérité fût, à leurs yeux, trop austère pour être appréciée de la masse commune sans le concours d'ornements fab uleux. La première de ces considérations peut convenir à un régime aristocratique dont le principe social repose sur la subordination des classes ; l'autre ne résiste pas à l'examen consciencieux des faits.

Il est paradoxal de dire que la vérité trouve quelque profit à se masquer. Ceux-là seuls ont intérêt à la cacher qui veulent maintenir leurs semblables dans la servitude. Les partisans de l'émancipation générale de l'humanité savent que les principes de justice et de beauté exercent par eux-mêmes une force de séduction dont l'attrait s'impose sans le concours des appareils mythologiques, à cette seule condition qu'on s'appliquera à éclairer l'intelligence des enfants, à dresser leur conscience avec autant de zèle qu'on en met depuis bien longtemps à obscurcir l'une et dérouter l'autre.

Les gouvernements monarchiques faisaient leur métier en favorisant les artisans de mensonge. Les préjugés leur étaient de bons auxiliaires. Quoi de plus logique que l'alliance du trône et de l'autel ?

« Il viendra un jour où l'humanité ne croira plus mais où elle saura ; un jour où elle saura le monde métaphysique

et moral comme elle sait déjà le monde physique ; un jour
où les gouvernements de l'humanité ne sera plus livré au
hasard et à l'intrigue, mais à la discussion rationnelle du
meilleur et des moyens les plus efficaces de l'atteindre. »
(RENAN. *L'avenir de la science*).

NOTRE DOCTRINE

C'est une absolue perfection et comme divine de savoir jouir loyalement de son être.

MONTAIGNE.

La doctrine que je vais vous exposer et que je recommande à votre appréciation, n'est pas, je vous en préviens, une béquille pour infirmes. Elle repousse le concours de l'illusion, de la chimère, de l'ivresse mystique et autres anesthésiants destructifs de l'énergie.

Elle ne donne pas de satisfaction absolue au désir de certitude en ce qui touche le domaine métaphysique. La foi religieuse ne la donne pas davantage.

Pascal pousse un cri de triomphe quand il croit avoir assuré sa foi. Certitude ! Certitude ! Dieu de Jésus Christ ! Paix, joie, pleurs de joie ! Ce ne sont que des mots. Pascal veut se persuader qu'il a atteint au temple de vérité. Veines illusions ! Il s'obstinera dans une folle tentative. Pour avoir voulu monter trop haut et franchir la zone respirable, la colombe de Kant retombe asphyxiée sur la terre.

Il est une limite infranchissable à notre connaissance. Depuis bien longtemps les philosophes essayent de pénétrer dans le domaine de l'inconnaissable. Le résultat de leurs travaux surcharge les rayons de nos bibliothèques et l'humanité n'est pas plus avancée qu'au temps où les premiers sages de l'Orient abordaient le problème.

L'homme a voulu cependant se donner d'apparentes satisfactions. Il a posé des étiquettes sur l'inconnu. Mais l'inconnu est resté l'inconnu.

Pourquoi s'épuiser dans une recherche sans aboutissement possible ? Un champ assez vaste s'ouvre à notre besoin de connaissances certaines.

Sous l'impulsion du délire poétique, Leconte de l'Isle entonne cet hymne à la Chimère :

> Heureux qui, possédant la Chimère éternelle,
> Livre au monstre divin un cœur ensanglanté
> Et savoure, pour mieux s'anéantir en elle,
> L'extase de la mort et de la volupté
> Dans l'éclair d'un baiser qui vaut l'Éternité !

Chimère éternelle ! Monstre divin ! Éclair d'un baiser qui vaut l'éternité ! Tout cela est dépourvu de sens commun. Le poète exagère le prix d'un baiser chimérique. Tel qu'il est, notre monde offre des ressources suffisantes aux joies réalisables. Cherchons-les là où elles se trouvent.

Parce que la vie ne dure qu'un temps plus ou moins limité, les Chrétiens la déclarent méprisable. À leurs yeux, seule doit être considérée la vie éternelle. Tout le reste n'est que vanité. L'Ecclésiaste l'assure. Or, les chrétiens laïques et clercs, tous ceux qui pratiquent, sont inconséquents avec eux-mêmes. Tous devraient renoncer aux joies de la vie mondaine, s'enfermer dans le cloître, se macérer et prier jusqu'au dernier jour de leur misérable vie. Ainsi l'ont compris les grands saints. Papes, évêques, archiprêtres, prêtres à riches prébendes, ceux de la Madeleine, de Saint-Augustin, de Saint-Sulpice, de la Trinité et autres riches paroisses, exaltent leurs mérites et recommandent de prendre exemple sur leurs vertus. Si ces messieurs se piquaient de logique, ils feraient l'abandon de leurs palais, de leurs ornements sacerdotaux, de leur carrosses, de leur batterie de cuisine, des provisions accumulées en leurs caves, de tous leurs agréments matériels.

Ils se vêtiraient de bure, coucheraient sur les planches et s'alimenteraient de légumes. Ils fuiraient avec le plus grand soin la société des femmes riches, jeunes ou vieilles.

Dès les premiers temps, les prêtres chrétiens manifestèrent un goût très vif pour les biens terrestres qu'ils disaient méprisables. Un empereur chrétien, très favorable d'ailleurs à l'Eglise, dut par un édit de 369 après J. C., prendre des mesures énergiques pour protéger les veuves et les orphelins contre les entreprises des prêtres, des anciens prêtres, de tous les gens pieux qui avaient fait vœu de chasteté et se donnaient le nom de Continents. Il leur était interdit de pénétrer dans les demeures des veuves et des orphelins mineurs, même si des proches parents voulaient les y introduire. Il leur était défendu de recevoir aucune libéralité, même par testament, des femmes réunies en communauté pour motif religieux. Défense leur était faite d'en recevoir aucun bien, même par personne interposée, sous peine de bannissement.

Lecture de ce décret fut donné dans toutes les églises par ordre de l'empereur chrétien Valentinien III.

N'ayant prononcé ni le vœu de pauvreté ni le vœu de chasteté nous n'étalerons pas de dédain pour les biens et les joies normales de ce monde. Notre condition est pareille à celle du locataire. Il dépend d'un maître inconnu. Que durera le séjour ? Nous l'ignorons.

Cette incertitude ne saurait nous empêcher de pourvoir à une installation aussi confortable que possible.

Au moment où j'écris, sous un kiosque, par une nuit du mois d'août, un insecte ailé, gros comme la pointe d'une épingle, tombe sur ma feuille. J'examine avec curiosité ce petit compagnon de hasard. Il va ; il vient ; il a une tête, des pattes, des ailes, un système nerveux, tout ce qui constitue l'appareil d'un être organisé. Il s'arrête ; il observe. Il paraît réfléchir avant de prendre une détermination. Pourquoi ne serait-il pas capable de réflexion et de volonté ? Impossible d'entrer en rapport, tant est grande la disproportion. Assurément, il ne soupçonne pas la présence de ce voisin gigantesque dont l'œil énorme le suit. Je n'ai qu'à poser mon doigt sur lui et le voilà détruit sans qu'il se soit douté du péril.

Peut-être qu'à cette minute de ma vie, un personnage mystérieux, capable de m'anéantir à mon insu, observe, dans les mêmes conditions, l'animalcule que je suis par rapport à lui.

Voilà que mon insecte me quitte, il disparaît dans la nuit; il poursuit sa destinée sans autre dessein que celui de vivre le plus longtemps et le mieux qu'il pourra.

Imitons-le. Cette résolution est d'autant plus raisonnable que la vie éternelle, la vie paradisiaque, telle que la rêvent les Chrétiens, n'est qu'une effrayante conception d'enfant paresseux et inintelligent qui s'accommoderait étourdiment d'un repos sans fin.

L'éternité n'est qu'une succession indéfinie de vies éternellement variables dans leurs manifestations. Etres sociables, nous constituons une collectivité de colocataires mutuellement intéressés à vivre le plus commodément possible, dans un commun édifice.

L'obligation morale.

Le besoin de discipline naquit de la commune nécessité, point de départ d'une règle conventuelle des mœurs. Elle garantit tout d'abord la sécurité réciproque; elle impose le respect des droits de la personne et de son bien; elle provoque la formation naturelle des idées d'ordre, de droit, de justice, d'obligation, l'amour de la famille, de la tribu, de la cité, avec toutes ses conséquences. Aujourd'hui, après tant de siècles de vie sociale, nous naissons pourvus d'aptitudes dont le développement fait l'objet de l'éducation. De ce fait, l'homme primitif a été transformé. L'ancêtre des cavernes se reconnaîtrait malaisément dans ses descendants. Transformation pareille se constate dans les fleurs, les fruits, les plantes potagères, les céréales, dont quelques-unes paraissent être des créations de l'homme, à ce point différentes du type primitif qu'on ne sait plus les retrouver à l'état de nature, tel le blé, la première graminée cultivée par l'homme dès qu'il sortit de l'état de bête errante pour se fixer dans la première demeure, hutte ou caverne. Que d'efforts patiemment accumulés pour faire de l'asperge sauvage les pousses puissantes des jardins d'Argenteuil! Que de siècles de culture humaine séparent Socrate, Newton, Victor Hugo, Renan, Berthelot, du Pitécanthrope de Java! Entre ces extrêmes, les hommes se distribuent sur les degrés d'une longue échelle. Quelques-uns au plus haut, d'autres au plus bas. La masse occupe les degrés intermédiaires. Les hommes, comme les fruits, les végétaux et les autres bêtes, comportent des variétés de différentes valeurs. Tous n'évoluent pas en ligne parallèle.

Cependant le progrès poursuit sa marche d'une manière continue; constatation difficile à faire au cours d'une vie d'homme, mais évidente quand on rapproche les phénomènes sociaux de deux époques assez éloignées l'une de l'autre pour que la différence puisse s'accuser nettement. Ce progrès augmente en proportion des libérations politiques et religieuses et à mesure que se développe la connaissance réfléchie des intérêts solidaires.

Morale de l'intérêt? Pourquoi pas? Pourquoi ne pas reconnaître que nous avons un commun intérêt à pratiquer la justice et la solidarité? Il paraît à certains maîtres de vertu que cette doctrine ravale l'idée de moralité. Ils la veulent toute désintéressée, désintéressée du moins au point de vue d'un profit immédiat, mais avec sanction dans une existence supra-terrestre. Moins exigents, il nous suffit de réfléchir et de considérer les résultats qu'on obtiendrait si chacun, averti par une éducation qui s'inspirerait de la vérité des faits, pouvait constater les communs avantages d'une discipline rationnelle. Nous savons ce que valent les disciplines religieuses établies sur la crainte de Dieu et le respect de ses commandements, avec interprétation et sous la direction d'une classe sacerdotale. L'expérience date de loin et elle se continue sous nos yeux.

On peut affirmer, je vous le dis encore, et l'histoire proclame hautement, que la crainte de Dieu et les directions sacerdotales chrétiennes, mahométanes, bouddhistes ou autres, loin de rendre les hommes meilleurs et plus heureux, n'ont fait qu'exaspérer leur férocité. Tous les rois, tous les empereurs, tous les sultans, non moins que les papes les plus vicieux et les plus impitoyables, ont étalé leur piété dans les temples, invoquant le nom de Dieu avant leurs criminelles entreprises, adressant à ce même Dieu, en de solennelles cérémonies, le témoignage de leur reconnaissance après quelque tuerie victorieuse ou une sanglante persécution.

La valeur de notre discipline rationnelle éclate en ceci que les doctrines de paix, de civilisation, de solidarité effective, non seulement entre les individus d'un même pays, mais encore entre peuples de races diverses, sont propagées par les hommes les plus réfractaires aux pratiques religieuses.

A votre âge, je n'étais pas encore dégagé de toute foi religieuse. Deux observations faites, l'une à Béziers, l'autre à Rouen, provoquèrent en moi des réflexions utiles. Dans ces deux localités, j'eus l'heureuse occasion d'entrer en rapport avec deux familles où régnait une affectueuse et constante harmonie, extrêmement rare dans les familles de culte chrétien. Ceux qui les composaient, parents et enfants, donnaient, dès l'abord, l'impression de créatures saines au suprême degré, droites et bonnes, impression qui ne faisait que s'affirmer dans la continuité des relations.

Ressources modestes dans l'une et l'autre. A Béziers, le

chef de famille avait recueilli dans sa maison et réuni à ses quatre enfants un neveu et une nièce, orphelins sans ressources.

On ne pratiquait aucune religion dans ces deux familles. On s'en tenait à la culture intellectuelle et morale sans intervention dogmatique et ecclésiastique. Pas de baptême, pas de confession, pas de catéchisme. Mais chacun accomplissait son devoir avec une bonne humeur inaltérable. Le milieu était bienfaisant. J'ai suivi les enfants dans leurs voies respectives ; aucun n'a démenti l'heureuse impression que j'en avais gardée. Ils réalisent des types de belle humanité, témoignage de la valeur de l'éducation qu'on leur donna.

La plus haute conception de beauté morale, en notre période d'humanité, est atteinte depuis plusieurs siècles. Socrate, Platon, Aristote, Epictète, Marc-Aurèle n'ont pas été dépassés par les meilleurs de nos philosophes modernes. Le gain de la civilisation actuelle se constate à son étendue sinon à sa hauteur. D'un effort constant, elle repousse la barbarie. Si le blé n'est pas meilleur qu'au temps des Pharaons, on en récolte en plus grande quantité, grâce à l'extension de la culture, au perfectionnement des machines et des méthodes, à la facilité des échanges, à la sécurité des travailleurs.

Jamais l'idée de justice ne se manifesta avec autant de puissance dans les relations de citoyen à citoyen et dans les rapports internationaux. Dans l'intérieur des états soit démocratiques soit monarchiques, les questions sociales telle que la répartition des bénéfices du travail agricole, industriel et commercial entre les patrons, le capital et le salarié, le soulagement des misères résultant de la maladie, des accidents, de la vieillesse, d'une infirmité ou du chômage, n'ont jamais fait l'objet d'études aussi étendues et n'ont provoqué des réformes aussi bienfaisantes. Les asiles, les hospices, les mutualités maternelles, les refuges de nuit, les garderies d'enfants, les bureaux de bienfaisance, les consultations gratuites, les mutualités contre la mortalité du bétail, la grêle ou l'incendie, les banques de prêt mutuel, toutes associations encouragées par les subventions du trésor public, prennent une extension rapide.

Au point de vue extérieur, tandis que les représentants des anciens régimes, fidèles aux vieux errements diplomatiques, rêvent encore de conquêtes violentes, de suprématie militaire sur terre et sur mer et accumulent les préparatifs en vue de conflits sanglants, les associations ouvrières, les parlementaires de tous les pays organisent des ligues pacifistes. Des délégations de commerçants, d'industriels et d'ouvriers passent les mers, franchissent les frontières, se font des visites réciproques. On se réunit en des banquets où s'échangent des paroles d'amitié, où éclatent tour à tour les accents des hymnes nationaux qui ne provoquent plus aux fureurs guerrières. Des congrès scientifiques, médicaux, littéraires, économiques, sociologiques se tiennent successivement dans les grandes villes du monde où des hommes de tout pays, sans distinction de race, de religion, de conceptions politiques ou philosophiques, concentrent leurs efforts pour améliorer les conditions de vie universelle.

Considérez que les promoteurs de ce mouvement mondial se recrutent surtout parmi les personnes, hommes et femmes, les moins attachés aux pratiques religieuses et que cette œuvre de concorde bienfaisante se poursuit avec l'hostilité des cléricaux restés fidèles à cette opinion du catholique romain Joseph de Maistre que la guerre est d'ordre divin.

Invité à donner son opinion sur les résultats possibles du congrès de la Haye, le général de Gallifet, ami de l'Eglise, répond : « Ayant vécu dans le respect du culte religieux et de la pratique du culte militaire, je me dis : Dieu a voulu des prêtres et des soldats. Ce fut, ça est, ce sera toujours nécessaire. Il faut utiliser les vocations, elles deviennent rares. »

François Coppée, devenu très pieux, estime lui aussi que la pratique de la guerre est inhérente à l'humanité. Pourquoi? Parce que la haine existe entre les hommes depuis Caïn et Abel. Le raisonnement de ces deux chrétiens, le militaire et le poète ne va pas plus loin.

Cependant sous la pression de l'opinion publique, dont la puissance augmente tous les jours, la pratique de l'arbitrage pour le règlement des différents internationaux, devient de plus en plus fréquente. Serait-ce contraire à la volonté du Dieu des chrétiens?

Emile de Girardin écrivait ces lignes il y a quelques années : « Partout, en Europe, les peuples abaissent maintenant les barrières qu'ils s'appliquaient à rendre autrefois infranchissables. Si elles n'ont pas entièrement disparu déjà, ce ne sont pas les peuples qu'il faut accuser, c'est leurs gouvernements pusillanimes et arriérés. »

Ainsi se produit un phénomène sans précédent dans l'histoire. De l'humanité en travail surgit une puissance nouvelle, sans chef dirigeant, sans ministres, sans police, sans cohésion apparente.

Ses éléments sont dispersés à la surface de la terre. Et pourtant, une grande force les soude les uns aux autres par dessus les frontières et les océans, force de l'idée rayonnante.

Cette puissance nouvelle réside dans l'opinion mondiale. Le monde se fait une conscience. Cette conscience s'affirme chaque fois que, sur un point quelconque de la terre, se commet un de ces attentats, un de ces abus de brutale tyrannie qui heurtent le sentiment de la justice.

Alors toute l'humanité se sent atteinte dans l'un de ses membres. Un cri de protestation indignée part de tous les coins du monde civilisé. Hier, cette opinion se manifestait en faveur des Arméniens contre le sultan rouge, contre les

massacreurs des Juifs en Russie, contre notre état-major
de faussaires ; aujourd'hui, elle se dresse contre la congrégation espagnole après l'exécution criminelle du courageux
Ferrer. Cette force a pris naissance en France avec le
défenseur de Calas et du chevalier de la Barre.

Est-ce l'annonce d'une victoire prochaine de l'esprit sur
la force bête ?

Les temps sont bons à ceux qui aiment les généreux
combats. Il y a de la besogne pour les âmes vaillantes.

Par dessus, les océans et les frontières, se noue la Sainte-
Alliance des hommes de paix et de justice. Le temps n'est
plus où le cri de pitié de ces hommes s'éteignait sans écho,
où l'ignorance épaississait ses sourdes ténèbres, sur les
masses populaires. A cette heure, les peuples lisent, parlent, écoutent et, telle est l'irrésistible force de leur jugement que, parfois, d'elles-mêmes, les bastilles ouvrent leurs
portes et lâchent leur proie.

Nous voyons se lever l'aurore d'un beau jour.

Ainsi s'exprime, dans la *Frontière* des Basses-Pyrénées,
Elie Pécaut en qui revit la belle âme de son père.

Et cet élan vers l'apaisement des haines, qui le provoque ?
Qui l'entretient ? Remarquez-le encore une fois. Il se produit
à l'encontre du fanatisme religieux. Le mérite en revient à
des personnes ou complètement libérées de toute croyance
dogmatique ou pénétrées d'un tel esprit de vaillante
tolérance que leur religion ne diffère guère de notre philosophie.

Les grands pontifes restent étrangers à ce mouvement
humain. Ils en souffrent parce qu'il implique naturellement
la tiédeur croissante des fois religieuses.

Nos besoins intellectuels.

Le besoin non de savoir mais de croire est proportionnel
à l'infériorité intellectuelle des individus. Plus l'homme se

rapproche de la condition primitive, plus le dogme, les superstitions, le merveilleux ont de prise sur lui; plus il est sous la dépendance du prêtre ou du sorcier. Le fait de croire ne sollicite aucun effort d'esprit.

Le besoin de savoir s'impose à nous avec une force grandissante à mesure que nous nous élevons plus haut sur l'échelle de vie. Il exige un labeur d'abord pénible à ceux qui ignorent la joie d'apprendre et surtout de comprendre. Elle se révèle par l'éducation. L'initiation une fois accomplie, la sollicitation d'élargir indéfiniment le domaine intellectuel devient pressante. Le désir d'acquérir des connaissances exactes se substitue aux séductions de la foi dogmatique et du merveilleux. L'un demande la pleine clarté, l'autre se complaît et ne peut se satisfaire que dans l'ombre favorable aux fantômes. Les savants, éducateurs de l'humanité, sont réfractaires à la foi. L'Église les surveille d'un œil méfiant; elle les poursuit de sa haine; elle les châtie partout où il lui est possible de les atteindre. Au temps de la Renaissance, la nuit du moyen-âge commence de se dissiper; un puissant courant d'activité intellectuelle passe à travers le monde chrétien. Les intelligences s'éclairent; les consciences se révoltent contre le joug romain; les presses des imprimeurs multiplient et vulgarisent les œuvres des savants, des philosophes, des commentateurs. L'éclat du génie grec ressuscité jette le trouble parmi les divinités falotes des cathédrales. C'est la revanche de Pan fécondant et de l'héroïque Minerve, l'insurrection de l'esprit.

Alors le pape veut endiguer le débordement, le canaliser, en régler la distribution à son gré. A cet effet, il crée une congrégation spéciale chargée d'examiner les livres nouveaux, de proposer à sa condamnation et à la destruction les livres contraires aux textes sacrés, susceptibles d'amoindrir l'autorité de l'Église basée sur eux.

Aujourd'hui, privée du concours du bras séculier, l'Eglise ne peut plus brûler les œuvres et les auteurs condamnés

par le tribunal inquisitorial. Le tribunal rend toujours ses
arrêts mais il n'ont plus force exécutoire. La lutte n'a rien
perdu de son âpreté mais elle se poursuit dans le domaine
des idées avec des arguments raisonnables, établis sur des
textes et des faits, sans intervention de puissances sécu-
lières. Le pape et les évêques n'osent même plus user de
cette arme jadis, si redoutable aux rois comme à leurs
sujets, l'excommunication mineure ou majeure. L'Église
n'attaque plus ; elle se défend.

Voici que les meilleurs parmi ses adhérents, les hommes
de bonne foi, les sincères que le bon côté du Christianisme
avait séduit, subissent à leur tour la domination de l'esprit
scientifique. Les plus cultivés des prêtres catholiques se
refusent à la servitude imposée par le pape soi-disant infaillible ; ils se révoltent contre cette doctrine jésuitique qui a
fini par prévaloir dans la catholicité et qui réduit le croyant
à l'état de machine inconsciente. Ils ne sont pas tellement
démunis d'esprit critique qu'ils puissent se soustraire à
certaines évidences. Cependant leur cerveau garde encore
l'empreinte de leur éducation première. De là résulte une
dualité qui se révèle en des tendances tout opposées. Ils
s'obstinent à faire, dans le domaine de la pensée, la part de
la foi et la part de la raison. Pressés entre ces deux sollicitations dont ils ne veulent pas reconnaître l'antinomie, ils
essaient de concilier l'esprit critique avec une part d'esprit
dogmatique.

Néo-chrétiens et modernistes doivent choisir entre
l'amende honorable et l'insubordination totale. Le libre
examen n'admet pas de restriction et l'Église ne peut faire
aucune concession sans précipiter sa ruine. Détentatrice de
la vérité, de l'unique vérité, de toute la vérité, elle réclame
l'administration souveraine des esprits à elle confiée par le
Dieu de Jacob.

En cette affaire, la logique est du côté de l'Eglise ; la foi
religieuse ne comporte pas plus de restriction que de libre
examen. Tout se tient dans cet édifice comme le démontre,

à sa façon, le Jésuite Liberatore en son livre, *Le Droit de l'Église*, commentaire raisonné, si non raisonnable, du Syllabus.

S'il vous plaît de conserver le caractère de chrétien catholique vous n'avez qu'à accepter la direction suprême de l'Eglise et soumettre à son contrôle absolu votre besoin de savoir, sans condition ni restriction.

Vous plaît-il au contraire de vous affranchir, de prendre pleine possession de vous-même ? Pensez-vous avec Kant que votre personne a une valeur propre qui mérite d'être défendue ? Aspirez-vous à vous faire une doctrine librement discutée et choisie ? Lancez-vous, sous le contrôle de votre propre raison, dans le champ des connaissances accessibles. Procédez librement à votre enquête. Les documents abondent. Lisez l'ancien et le nouveau testament. Contrôlez ce que je vous en dis. Appréciez par vous-même la valeur scientifique et morale des textes sacrés. A la doctrine biblique et évangélique, à la légende dorée ou vie des saints, comparez la philosophie de Socrate ou de Platon, la doctrine exposée par Aristote dans ses traités à Nicomaque. Cherchez la pensée stoïcienne dans Epictète et Marc-Aurèle et comparez, soit avec les maximes niaises de l'Ecclésiaste soit avec les épitres de St-Paul.

Demandez-vous de quel côté se trouvent le bon sens et la beauté.

Avec l'Anglais Spencer, l'Allemand Hæckel, le Français Guyau (*Irréligion de l'avenir*, *Morale sans obligation ni sanction*) vous connaîtrez la pensée moderne telle que l'a faite la rigueur de la méthode purement rationnelle.

A cette enquête livresque, ajoutez vos observations personnelles, non seulement sur les événements historiques qui précèdent et suivent la Révolution, mais encore sur la valeur respective, la valeur morale des partis qui se disputent le gouvernement de la France.

Comparez les époques et les régimes par les résultats obtenus. Vous apprécierez le rôle joué par le parti clérical dans les événements contemporains où la liberté, la justice, l'honneur national se trouvaient en jeu.

Vous suivrez les phases successives de ce duel engagé entre, d'un côté la monarchie et l'Eglise, toujours liées par la communauté de leurs intérêts, et de l'autre, par les libérateurs de l'esprit, par les agents de la civilisation, par les défenseurs de l'âme nationale telle que l'ont faite les grands penseurs, philosophes, hommes de science, littérateurs et hommes politiques au service de la liberté. Vous ferez ensuite votre choix, vous vous enrôlerez, en connaissance de cause, sous l'une ou l'autre bannière.

Ce conflit de doctrines politiques, sociales et philosophiques constitue l'événement le plus considérable de notre histoire française et aussi de l'histoire de l'humanité par la répercussion qu'il exerce sur les destinées des autres pays. Le grand honneur de la France sera d'avoir pris la tête de ce mouvement pour assurer la suprématie de l'esprit laïque sur l'esprit sacerdotal.

Qu'est-ce que l'esprit laïque ?

« Etre laïque, dit Ernest Lavisse, c'est ne point consentir la soumission de la raison au dogme immuable, ni l'abdication de l'esprit humain devant l'incompréhensible ; c'est ne prendre son parti d'aucune ignorance. C'est ne point se remettre à un juge, siégeant par delà la vie, du soin de rassasier ceux qui ont faim, de réparer les injustices et de consoler ceux qui pleurent ; c'est livrer bataille au nom de la justice. »

J'offre à vos méditations le discours prononcé par Louis Havet, à Tours, en septembre 1905, au congrès des jeunesses laïques :

« L'effort de l'esprit laïque, dans notre pays, n'est pas

chose nouvelle. Repassons brièvement ce qui a été fait ; ainsi pourra être défini ce qui reste à faire, c'est-à-dire ce qui, pour votre jeune association de jeunes, constitue le but idéal.

« Au xvi⁰ siècle, nos ancêtres ont lutté vaillamment contre l'oppression de l'Eglise romaine, ou, en autres termes, contre l'étouffement systématique des intelligences et la dépression systématique des cœurs. Ils ont fondé le Protestantisme. C'était une religion atténuée, qui, si imparfaite qu'elle fût, aurait mérité de mieux réussir en France, et, surtout, de n'être pas enrayée et frappée d'impuissance par une abominable guerre civile.

« Au xviii⁰ siècle, les meilleurs des Français ont livré une bataille de cinquante ans sous l'infatigable commandement de Voltaire. Ce nom, à bon droit, vous est plus sympathique que le nom pourtant si grand de Calvin, d'abord parce que Voltaire a éteint des bûchers, tandis que Calvin en allumait ; ensuite parce que Voltaire a fait plus que Calvin, ainsi qu'il l'a dit lui-même.

« Voltaire a conduit les intelligences d'élite à rejeter non seulement le christianisme romain en particulier, mais tout christianisme. Son œuvre entière ruine l'absurdité d'où sont nées tant d'absurdités, l'idée d'une révélation.

. . . .

Si nous sommes à l'abri de cette aberration démoralisante, si nous ne pouvons rien ni chercher ni sentir de divin soit dans la mythologie des vieux livres, soit dans le fatras de leurs interprètes professionnels, n'oublions pas que nous devons ce bienfait à Voltaire plus qu'à personne.

« Longtemps après Voltaire, le combat a été repris, sous une forme singulièrement nouvelle, par le penseur le plus original qui ait écrit en notre langue. Ernest Renan a montré comment on discute avec sérieux et avec respect tout ce qui a été sincère dans la conviction des simples ou dans celle des justes. Avec une fermeté à la fois amie et impitoyable, aussi sûre que douce, il a réduit à néant les illusions que sa jeunesse avait adorées, et dont le souvenir continuait d'embaumer son âge mûr. Il était indispensable que la redoutable raillerie voltairienne eût ainsi pour complément la non moins redoutable sévérité de la science la plus calme.

Renan, d'ailleurs, avait une philosophie plus profonde. Et tandis que Voltaire, sur le chapitre du déisme, était « comme un enfant », selon le mot de Diderot, tandis qu'il maintenait l'existence de je ne sais quel dieu mesquin, à la fois bon et borné, à la façon d'un très grand brave homme, tandis que, par le prestige de son autorité, il assurait à cette vue bizarre une popularité durable, Renan a fait accepter à des milliers d'esprits, parfois à des esprits timides, une conception hardie, encore plus hardie si l'on songe aux traductions qu'elle comporte. Le dieu de Renan, c'est un dieu sans personnalité, tout idéal, on pourrait dire tout nominal, dont l'être semble se confondre avec la nature infinie, dont la volonté ne se distingue pas des lois éternelles. Je crains pour un tel dieu, je ne vous le cache pas, qu'il ne fasse double emploi avec l'univers. Mais, par comparaison avec le dieu voltairien, comme il est loin des petits dieux que vous savez, ceux pour qui on chante, à qui on parle, et qui de temps en temps ont dicté des textes contradictoires !

Ainsi la puissance de la pensée a ébranlé d'abord le papisme, après lui le Christianisme en général, après le Christianisme le déisme simple. Trois formes de religion, de religion de plus en plus réduite, ont successivement laissé voir leur néant. Il n'y a pas à prévoir qu'il s'en produise une quatrième, plus réduite encore. Car cette réduction dernière ne pourrait être qu'une nuance quelconque de ce panthéisme, qui, en bon Français du vingtième siècle, s'appelle irréligion.

Notre temps, ou plutôt, mes jeunes amis, votre temps, a devant lui la vision parfaitement nette du zéro religieux.

Vous savez que tout le passé humain a été rempli par

l'histoire des conflits de religions. Rien de tel, soyez-en sûrs, ne remplira le prochain avenir. Plus de querelles alors entre polythéisme et monothéisme, entre Chrétiens et Musulmans, entre orthodoxes et hérétiques ; plus de polémiques entre les religions positives et la soi-disant religion naturelle. Ce qui s'annonce, c'est l'alliance forcée des religions, qui feront semblant de devenir la religion. Tels des ennemis mortels, qui se seraient réciproquement menacés, dénoncés, frappés, suppliciés, outragés, calomniés, et qui, dans un naufrage, cesseraient soudain de s'entredéchirer pour se prêter main-forte. Ce n'est pas une d'elles qui se sentira perdue, — qui dès maintenant se sent perdue, — c'est elles toutes, c'est leur fonds commun, c'est le jeu même des ombres de l'esprit, qui a projeté sur le ciel un fantôme à l'image de l'homme.

La période religieuse de l'humanité, ceux qui ne ferment pas les yeux le savent bien, est déjà close chez les penseurs. Il est visible aussi qu'elle va se clore, par un mouvement qui se propage de proche en proche, chez les masses populaires de cette nation. Elle va se clore pour la France. Puis, peu à peu, n'en doutez pas le moins du monde, elle se clora pour tous les peuples de la planète Terre, l'un après l'autre. Ni les montagnes, en effet, ni les frontières, ni les océans, ni l'obstacle des langues n'arrêtent une idée mûre. — Mais, me direz-vous, c'est bien grand, la planète Terre ! — Sans doute, cela a été grand, mais cela ne l'est plus. Le Japon est déjà en Europe, et demain la Chine y sera. Oui, c'est bien la planète Terre qui s'apprête à se faire irréligieuse. Votre association, mes chers Jeunes Laïques, doit prendre une conscience claire du moment grandiose où elle s'est formée.

Ne croyez pas que j'oublie les incidents particuliers, tout français, qui ont provoqué vos groupements. Il s'agissait, il s'agit encore de faire face à un danger local, celui que fait peser sur un État, tant qu'il reste catholique, l'existence d'un pape. Vous aurez conjuré ce danger politique, quand vous aurez arraché les consciences françaises à l'emprise romaine. Cela, je crois, n'est pas si difficile qu'il semble; et je n'estime pas qu'il faille pour cela une longue suite de générations. Je ne considérais que ce but immédiat quand, l'année dernière, non sans un peu de badinage, je souhaitais à la Jeunesse laïque d'Indre-et-Loire de bientôt se dissoudre. Il existe un point de vue plus haut, qui veut et qui vaut que vous prépariez un prolongation de votre propagande.

Demandez-vous quelle est la puissance qui doit succéder à la religion. Celle, évidemment, qui ne propose aux hommes que le démontrable; celle qui, en pratiquant le doute méthodique, conquiert la certitude. C'est la raison que je veux dire. Elle seule mérite d'être; elle seule (non pas la religion, dont elle est le contraire) est capable d'éternité et d'universalité.

La période religieuse a duré quelques dizaines de siècles: la période rationnelle ne finira qu'avec la population du globe. La période religieuse a été celle des tribus, des nations et des races; la période rationnelle sera celle du genre humain. Car, la religion étant multiple comme l'erreur, et la raison une comme la vérité, la religion divise les hommes, la raison les unit. C'est la raison qui créera sur la planète l'unité morale, qu'aucune religion n'a su fonder. C'est la raison, non la religion, qui solidarisera définitivement l'homme avec la femme, le blanc avec le jaune; bien mieux, le vieillard plein de passé avec l'enfant plein d'avenir, les multitudes éteintes avec les multitudes à naître. Voilà l'ère que la Jeunesse laïque doit appeler; voilà celle que vous hâterez, par une action suivie où vous mettrez l'enthousiasme inlassable de la bonne conscience.

L'ère de la raison, l'ère irréligieuse, ce sera celle du progrès illimité. Car, à la différence de la religion, condamnée à tâcher d'être immuable, la raison est perfectible, étant modeste. Elle ne cherchera jamais à décréter ce qu'en religion on appelle dogme. Ce qu'elle prescrit à ses adeptes, tout au rebours de la religion, c'est de se défier d'elle-même, de la contrôler elle-même sans cesse. Elle ne donne pas comme méritoire d'en croire les maîtres. Elle ne conseille pas d'humilier la réflexion et de dédaigner l'expérience. Elle met sa confiance dans le vingt-cinquième siècle et dans le trentième, plutôt que dans le moyen-âge. Elle ne se prétend pas plus vénérable qu'elle ne se prétend sainte ; elle se sait jeune d'une jeunesse irrémédiable, elle qui, pendant les siècles des siècles, mûrira sans jamais vieillir.

Qu'est la raison ? C'est, d'abord, ce qui a trouvé le moyen de manier les atomes, de dompter les monstres invisibles au microscope ; ce qui, malgré l'Inquisition, a prouvé que la terre tourne. C'est aussi ce qui, au mépris des distinctions entre le matériel et le spirituel, ose ramener à des lois les phénomènes de l'esprit. C'est ce qui se rit des scrupules de superstition, et qui construit peu à peu les règles de la morale.

Car la morale, qui a toujours été d'autant plus forte que la religion l'était moins, est chose rationnelle ; ce n'est pas chose religieuse, comme on essaie encore de le persuader à tous les peuples. La raison, elle, ne confond pas l'outrage à l'être humain avec l'offense à un être inoffensable. Elle ne confond pas la responsabilité réparatrice avec une stérile expiation. Elle n'invente pas un monde imaginaire pour y reléguer la justice ; elle veut la justice visible, entre les vivants, et elle ne célèbre pas de *Te Deum* pour la violence triomphante ; elle ne donne pas l'enfant, pour la désobéissance de l'ancêtre ; elle s'ingénie, au contraire, à éliminer de la chair et de l'âme les héritages de virus, et elle a pitié du fils du criminel comme du fils du malade. Sa rivale a plein la bouche des mots : « Mes frères », mais c'est la raison qui a inauguré la fraternité. C'est elle qui a supprimé l'esclavage dans les territoires chrétiens, après dix-huit cents ans de Christianisme. C'est elle qui, pour supprimer l'inégalité des personnes humaines, détruira l'ignorance. Car grâce à elle, et en dépit du dieu des Chrétiens, tous finiront par mordre au fruit défendu. Grâce à elle, tous deviendront, non pas semblables à des dieux, ainsi que le craignait la jalousie divine, mais semblables à ceux de leurs frères que les hasards de la période religieuse ont favorisés avant l'heure. Et tous pourront s'acquitter envers la raison, la bienfaitrice commune, car tous alors seront capables de travailler à l'épurer et à l'ennoblir.

Mes amis, ce ne serait pas assez, si la jeunesse laïque se contentait de songer aux questions du jour, à la séparation imminente, aux élections de 1906, à l'attitude de nos républicains papistes. A quoi bon être des jeunes, si vous limitiez vos ardeurs comme des vieillards? A quoi bon vous être affranchis de l'étroitesse chrétienne, si ce n'était pas pour une conception complète du devoir humain?

Votre regard doit percer les âges, vos ambitions doivent être prophétiques. Il faut que les historiens aient à se souvenir des Jeunesses Laïques de France, quand, sous le règne enfin venu de la raison pure, ils raconteront par quelle série d'efforts, la France et la Terre ont été libérées de la religion.

Le devoir humain.

Il ne suffit pas d'enrichir librement son cerveau de connaissances et de défendre le droit attaché à sa personne. Celui-là ne vivrait qu'à moitié qui s'enfermerait dans une tour isolée et assisterait en curieux aux batailles engagées autour de lui. Il faut agir, entrer dans la mêlée, accomplir tout son devoir.

Où réside le devoir humain?

On lit dans l'Evangile de Saint-Mathieu, xxii, 34, 40 :

« Maître, quel est le plus grand commandement?

« Jésus répondit : Tu aimeras le Seigneur ton Dieu de

tout ton cœur, de toute ton âme, de tout ton esprit. Voilà le plus grand et le premier commandement. Mais le second est semblable: Tu aimeras ton prochain comme toi-même. »

La première place revient au second de ces deux commandements.

Le Dieu de Saint-Mathieu est le Jéhovah biblique, fléau de ses créatures.

S'il existait un Dieu, personnification de la force souveraine appliquée à la justice et à la beauté, il se serait révélé à ses enfants par d'autres manifestations que celles à nous signalées dans les livres saints.

Singulier père céleste que ce Dieu dont il faut calmer le courroux par des sacrifices quotidiens et des supplications incessantes ! N'est-ce pas lui qui fait mourir cent mille Israélites pour châtier l'adultère David ?

N'est-ce pas le même Dieu qui, pour éprouver la patience de Job le fait mourir sur le fumier après qu'il l'eût privé non seulement de ses biens mais de sa femme et de ses enfants ?

A ce Dieu s'adressent les mots de Proudhon :

« Je ne tombe pas dans le sophisme réfuté par Saint-Paul lorsqu'il défend au vase de dire au potier : Pourquoi m'as-tu fabriqué? Je ne reproche point au créateur des choses d'avoir fait de moi une créature inharmonique, un incohérent assemblage ; je ne pouvais exister qu'à cette condition. Je me contente de lui crier : Pourquoi me trompes-tu? Pourquoi, par ton silence, as-tu déchaîné en moi l'égoïsme? Pourquoi m'as-tu soumis à la torture du doute universel, par l'illusion amère des idées antagonistes que tu avais mises à mon entendement? Les fautes dont nous te demandons la remise, c'est toi qui nous les fais commettre ; les pièges dont nous te conjurons de nous délivrer c'est toi qui les a tendus et le Satan qui nous assiège, ce Satan c'est toi. Dieu c'est sottise et lâcheté ; Dieu c'est hypocrisie et mensonge ; Dieu c'est tyrannie et misère ; Dieu c'est le mal. Tant que l'humanité s'inclinera devant un autel, l'humanité, esclave des rois et des prêtres, sera réprouvée. Tant qu'un homme, au nom de Dieu, recevra le serment d'un autre homme, la société sera fondée sur le parjure ; la paix et l'amour seront bannis d'entre les mortels. Dieu retire-toi ! Car dès aujourd'hui, guéri de ta crainte et devenu sage, je jure, la main étendue vers le ciel, que tu n'es que le bourreau de ma raison, le spectre de ma conscience. »

L'idée gagnerait à être exprimée sur un ton moins déclamatoire. Elle n'en est pas moins justifiée par les textes sacrés et les déclarations des prêtres modernes.

Au bazar de la Charité, à Paris, un incendie dévore des femmes et des enfants réunis pour participer à une fête de bienfaisance. Le clergé organise à Notre-Dame une cérémonie solennelle afin de concilier aux innocentes victimes la miséricorde de ce Dieu par la volonté duquel s'est produit le tragique événement. Là, en présence du Président de la République, des ministres, des délégués du Parlement, des représentants des grands corps de l'Etat réunis pour donner un témoignage de sympathie aux familles malheureuses, un dominicain, le P. Ollivier, déclare que ce désastre est une manifestation de la colère divine contre la France révolutionnaire et impie. Le Dieu tout-puissant pouvait frapper les législateurs responsables. Et voilà qu'il exerce son courroux sur les créatures les plus soumises à ses desseins.

Singulière logique ! Singulière justice !

Cette mentalité des Chrétiens, conforme à l'esprit biblique, s'affirme en toutes circonstances de même nature.

Un autre désastre se produit dans le Métropolitain à Paris.

Des ouvriers allant à leurs travail, des femmes, des enfants périssent dans les flammes. Un journal catholique des Basses-Pyrénées fait à ce sujet les réflexions suivantes :

« Un peu plus tôt, un peu plus tard, le fléau eût frappé des oisifs se rendant à leurs plaisirs. Mais non ! Ce qu'il fallait à la justice céleste, c'était un sacrifice et, depuis l'éclosion de l'idée de Dieu dans l'intelligence humaine, le sacrifice a toujours comporté des victimes de choix, »

N'est-ce point la justification du mot de Proudhon ?

« Quand j'étais enfant et dans la détresse, dit le Prométhée de Gœthe, je tournais vers le soleil mon œil égaré comme s'il y avait eu par delà une oreille pour entendre ma plainte, un cœur comme le mien pour compâtir à l'affligé... Moi t'honorer ! Pourquoi ? As-tu jamais apaisé les douleurs de l'opprimé ? As-tu jamais essuyé les larmes de l'affligé ? »

Voici une belle page procédant de la même inspiration :

« Une nuit, quelque ange ou quelque séraphin m'avait pris sur son aile pour m'emporter au paradis de l'Évangile, auprès du Créateur. Je me sentais planer dans les cieux, au dessus de la terre. A mesure que je m'élevais, j'entendais monter de la terre vers moi une longue et triste rumeur, semblable à la chanson monotone des torrents qui s'entend du haut des montagnes, dans le silence des sommets. Mais, cette fois, je distinguais des voix humaines ; c'étaient des sanglots mêlés d'actions de grâce, des gémissements entre-coupés de bénédictions ; c'étaient des supplications déso-lées, les soupirs des poitrines mourantes qui s'exhalaient avec de l'encens, et tout cela se fondait en une seule voix immense, en une si déchirante symphonie que mon cœur se gonfla de pitié ; le ciel m'en parut obscurci et je ne vis plus le soleil, ni la gaieté de l'univers. Je me tournai vers celui qui m'accompagnait. N'entendez-vous pas ? lui dis-je ? L'Ange me regarda d'un visage serein et paisible : Ce sont, dit-il, les prières des hommes qui de la terre montent vers Dieu. Pendant qu'il parlait, son aile blanche brillait au soleil mais elle me parut toute noire et pleine d'horreur. Comme je fondrais en larmes si j'étais ce Dieu, m'écriai-je, et je me mis en effet à pleurer comme un enfant. Je lâchai la main de l'ange et je me laissai retomber sur la terre pen-sant qu'il restait en moi trop d'humanité pour que je puisse vivre au ciel. (GUYAU. *Esquisse d'une morale sans obliga-tion ni sanction*).

Les plus grands esprits et les plus médiocres se donnent libre carrière en ce sujet. Voilà des siècles que la démonstration de l'existence de Dieu se poursuit et la question reste toujours au même point.

Les opinions sont multiples comme les arguments.

Le Dieu de Platon est le premier moteur, la cause première du mouvement, la source originale de la vie, des idées de vérité, de justice, de beauté.

Aristote admet lui aussi l'existence de Dieu. Mais son Dieu n'exerce pas sur le monde une action voulue, providentielle. Cependant le monde subit son attraction parce que entraîné vers le centre de toute lumière et de toute beauté. La démonstration d'Aristote est d'une extrême subtilité. Il fait de Dieu un moteur indépendant et pour ainsi dire immobile dans son immuable majesté.

Hypothèse et métaphysique.

D'autres preuves cosmologiques, théologiques, psychologiques, morales se trouvent dans Saint-Augustin, Saint-Anselme de Cantorbéry, Saint-Thomas d'Aquin, Descartes, Malebranche, Bossuet, Fénélon, Leibnitz, Clarke, Newton, Locke, Spinosa, Voltaire, Hegel, Rousseau, de Bonald, Lamennais etc.

La liste n'est pas close.

Si Dieu n'existait pas, il faudrait l'inventer ! C'est une bêtise de Voltaire. Il ne se distingue pas en cette matière par la finesse ou l'élévation de ses aperçus.

Dieu, l'idée de Dieu, c'est-à-dire la peur de Dieu lui paraît nécessaire à la police du monde. Voici son pauvre argument : « Si j'avais affaire à un prince athée qui aurait intérêt à me faire piler dans un mortier, je suis bien sûr que je serais pilé. »

Le raisonnement est un peu faible. Charlemagne, Philippe II, Charles IX, Louis XIV, croyaient en Dieu le père et Dieu le Fils. Ils ont terriblement pilé les mécréants de leur temps.

Preuve d'Alphonse Karr : L'homme qui nie Dieu est un imbécile.

C'est court !

Opinion de Lucrèce : Il glorifie Epicure d'avoir démontré la vanité des idoles et affranchi l'humanité pensante du joug théocratique.

> Sur la religion, un pied vengeur se pose,
> L'écrase et sa victoire est notre apothéose.
>
> Trad. SULLY-PRUDHOMME.

Dieu est un nom posé sur l'Inconnu, un expédient, une formule magique à l'usage des gens que tourmente la terreur des choses mystérieuses.

Kant, un des plus puissants en déductions métaphysiques, reconnaît qu'aucune des nombreuses preuves de l'existence de Dieu ne résiste à la critique. Une seule lui paraît concluante : l'idée d'obligation et de sanction morale.

Or l'idée d'obligation et de sanction morale est absolument indépendante du Dieu anthropomorphique de la Bible. Il y a même incompatibilité car le Dieu d'Abraham et de Jacob n'est ni bon ni juste.

> L'avenir tel que les cieux le font
> C'est l'élargissement dans l'infini sans fond,
> C'est l'esprit pénétrant de toute part la chose.
> Un roi, c'est de la guerre, un Dieu, c'est de la nuit.
>
> Tu veux un Dieu ? Qu'en feras-tu ?
> Auras-tu moins d'orgueil, homme, et plus de vertu ?
> Dis, jetteras-tu moins de pierres au passant,
> Aux penseurs, aux héros, an martyrs, aux apôtres ?
>
> Réponds ; mêleras-tu, dis, un peu de tendresse,
> O juge, à ta justice ; ô sage, à la sagesse ?
> Avant d'en vouloir un, il faut savoir qu'en faire.
>
> VICTOR HUGO.

A une jeune fille élevée chrétiennement mais d'esprit cultivé, d'intelligence claire et de belle nature, je demandais :

— Croyez-vous en Dieu ?

— Sans doute, me répondit-elle; je crois en Dieu.

— Fort bien. Mais encore, quel est votre Dieu?

— Je n'ai pas le choix; il n'en est qu'un.

— Je vous demande pardon. Il y a le Dieu de Jacob et de Moïse, celui qui accomplit tous les méfaits énumérés dans la Bible. Excusez-moi si je vous fais de la peine. Mais la vérité ne risque rien à être regardée face à face. Elle se défend par elle-même. Vous êtes trop droite pour ne pas mettre le culte de la vérité au-dessus de tout. Il y a le Dieu de Mahomet, le Dieu d'Innocent III qui est aussi le Dieu de Torquemada, de Philippe II, du Duc d'Albe, de Charles IX et autres bourreaux très chrétiens. Il y a le Dieu de Fénelon et de Béranger très différents du précédent. Attila avait le sien non moins que le sultan rouge Abdul Hamid. Avez-vous lu *La mère* de Gorki? Lisez-le; vous y verrez à l'œuvre les adorateurs des saintes images, très croyants en Dieu.

Dieu, disent les livres sacrés, créa l'homme à son image. Mais comment reconnaître cette image parmi les types si variés de l'espèce humaine où se retrouvent toutes les bêtes de la création depuis la vipère et le loup jusqu'à la brebis et la colombe? A quel Dieu s'adressent vos adorations?

Elle me répondit : — J'ai mon Dieu.

Voilà bien la vérité. Chacun fait son Dieu à sa manière. Le moraliste, négateur des dieux sacerdotaux, possède le sien; c'est la personnification idéale de son rêve de justice et de beauté. En ce Dieu communient, à leur insu, bien des personnes également généreuses et que les hasards de la naissance ont distribuée en diverses églises.

» L'idée de Dieu, dit Pasteur dans son discours de réception à l'Académie, est une des formes de l'idée de l'infini. Tant que le mystère de l'infini pèsera sur la pensée humaine, des temples seront élevés aux cultes de l'Infini, que le Dieu s'appelle Brahma, Allah, Jéhovah ou Jésus. Et, sur la dalle de ces temples, vous verrez des hommes agenouillés, prosternés, abîmés dans la pensée de l'Infini. »

Ceci n'est que littérature pour cérémonie académique à

l'usage des désœuvrés. Quel besoin d'élever des temples au culte de l'Infini ? Pour se donner de belles émotions, il n'est point nécessaire d'entrer dans les cathédrales. Le spectacle dont on jouit au bord de la mer, au coucher et au lever du soleil, ou sur une montagne, sous un ciel étoilé, quand l'aurore projette sa première lueur sur l'horizon, est autrement impressionnant que les chants liturgiques et les théories des lévites évoluant sous une voûte de pierre.

Se prosterner ? Pourquoi ? Tu seras toujours assez près de terre.

Rêver d'idéale beauté, rêve préparatoire à l'action, oui. Mais il ne sert de rien de s'abîmer dans la pensée de l'Infini si cette contemplation doit aboutir à l'inertie.

La croyance en un Dieu, souverain juge de nos actions, distributeur des récompenses ou des répressions, est la base indispensable à toute doctrine morale, affirment les fidèles des divers cultes religieux. La crainte de Dieu est le commencement de la sagesse.

Depuis les temps les plus reculés, les faits donnent à cette allégation de multiples démentis. Du témoignage de la Bible et de l'histoire du Christianisme, à partir du jour où il commença de l'emporter sur le Paganisme, il résulte que cette prétendue crainte de Dieu, telle qu'elle est enseignée par l'ancien et le nouveau Testament, n'a rendu meilleurs, ni les laïques ni les prêtres chargés de leur distribuer l'éducation religieuse. L'histoire de l'Eglise est remplie d'abominables scandales provoqués par la cupidité ou l'immoralité de ses prélats ; les victimes des fureurs provoquées par les passions religieuses se comptent par millions. Rien n'a allumé entre les hommes des haines plus farouches. Résultat conforme d'ailleurs aux paroles prophétiques du Sauveur. N'a-t-il pas déclaré qu'il n'apportait pas la paix sur la terre, mais l'épée et la division dans les familles ? Voyez l'évangile de Saint-Mathieu cité plus haut.

Tu veux un Dieu ? Qu'en feras-tu ? Qu'en as-tu fait ? Est-il vraiment nécessaire de prendre le Dieu chrétien ou un autre pour édifier une doctrine morale sur ce principe fondamental ? Il nous suffit de constater avec quelle force s'imposent à nous les besoins de propreté morale non moins que les besoins intellectuels, à mesure que l'éducation nous perfectionne. Il te plaît d'en rechercher la cause première ? Tu entres dans le domaine des hypothèses et aussitôt commencent les disputes philosophiques, disputes sans fin puisqu'elles reposent sur des affirmations soustraites à toute vérification. Les querelles provoquées par cette question n'ont fait que tourmenter l'humanité sans résultat utile. Donc, n'insistons pas sur la matière et tenons-nous aux faits établis, non par des textes sacrés dont nous ne pouvons contrôler l'authenticité, mais par nos propres observations et celles des autres. Il en résulte que l'homme se caractérise particulièrement par les besoins de s'instruire et de se perfectionner, besoins impératifs au même titre que le besoin d'alimentation matérielle.

Certes, il est des infirmités intellectuelles et morales au même titre que des infirmités physiques : des idiots, des vicieux, des monstres malfaisants aussi bien que des sourds, des muets, des aveugles ou culs-de-jatte ; infirmités quelquefois susceptibles de guérison, souvent incurables. Mais la généralité des créatures de notre espèce subit instinctivement l'attrait de cette beauté révélée par le sens moral.

De là nous vient la notion du devoir, le culte de l'honneur, le prestige du beau courage, l'attraction de cette ivresse héroïque qui porte les mieux organisés, les plus vaillants, à braver les fatigues et les dangers, à subir les souffrances, à affronter toutes les ruines jusques à la mort avec une magnifique sérénité ?

Chaque religion a son contingent de martyrs, gens de toute condition, de tout sexe, de tout âge. Ils témoignèrent de la puissance merveilleuse de leur ivresse en confessant leur foi dans les supplices. Ils assouvirent à leur manière la soif d'idéale beauté. Mais la foi religieuse, portée à son plus haut degré d'exaltation, ne produit pas seule ces phénomènes. Ils se manifestent chez le soldat combattant pour l'indépendance nationale, chez le philosophe, chez le savant, le sociologue, le politique, luttant, chacun, dans sa sphère, pour le triomphe de ce qu'il croit être la vérité, la justice, le progrès.

Cette foi dans l'idéal a provoqué de nombreux sacrifices. L'avenir s'élabore sur un champ de bataille où se heurtent les intérêts conservateurs et les intérêts révolutionnaires en d'incessantes mêlées.

A travers ce tumulte, l'humanité poursuit sa marche pénible sur un chemin ensanglanté. C'est notre voie sacrée.

« Dans certaines contrées, quand le laboureur veut féconder son champ, il emploie quelquefois un moyen énergique. Il prend un cheval, lui ouvre les veines et, le fouet à main, le lance dans le sillon. Le cheval saignant se traîne à travers le champ qui s'allonge sous ses jambes fléchissantes ; la terre se rougit sous lui, chaque sillon boit sa part de sang. Lorsque, épuisé, il tombe en râlant, on le force encore à se relever, à donner, sans en rien retenir, le reste de son sang à la terre avide. Enfin, il s'affaisse pour la dernière fois. On l'enterre dans le champ rouge encore. Toute sa vie, tout son être passe à la terre rajeunie. Cette semence de sang devient une richesse ; le champ, ainsi nourri, abondera en blé, en bienfaits pour le laboureur. Les choses ne se passent pas autrement dans l'histoire de l'humanité. La légion des grands infortunés, des martyrs ignorés ou glorieux, tous ces hommes dont le malheur propre fait le bien d'autrui, tous ceux qu'on a forcés au sacrifice ou qui l'ont cherché eux-mêmes, s'en sont allés à travers le monde semant leur vie, versant le sang de leurs flancs entrouverts comme d'une source vive ; ils ont fécondé l'avenir. Souvent, ils se sont trompés et la cause qu'ils défendaient ne valait pas leur sacrifice ; rien de plus triste que de mourir en vain. Mais, pour qui considère les moyennes et non les individus, le dévouement est un des plus précieux et des plus puissants ressorts de l'histoire. Pour faire faire un pas à l'humanité, ce grand corps paresseux, il a fallu jusqu'à présent une secousse qui broyât les individus./» (GUYAU. *Esquisse d'une morale sans obligation ni sanction.*)

Le plus souvent les héros de l'action civilisatrice, soldats armés pour la liberté, explorateurs, hommes de science, philosophes, furent dépourvus de toute foi dogmatique. Cependant leur courage ne fléchit devant aucun danger, menace ou violence. Par leur énergie, ils ont autrement servi l'humanité que les saints plus ou moins authentiques des martyrologes religieux, énergie d'autant plus méritoire qu'elle n'était suscitée par aucun espoir des récompenses merveilleuses que promettent les pontifes.

Désintéressés ? Nullement. Ils agissaient ainsi parce que contraints par le besoin de vérité, de justice et de beauté. L'acte comportait son salaire : ils obéissaient à la loi de la conscience.

Conscience ! juge établi à demeure en nous. Sa voix nous prévient, nous encourage, nous félicite ou nous poursuit de ses reproches. Plusieurs se réfugièrent dans la mort pour échapper à sa plainte, préférant se fondre dans le creuset universel et aller à la recherche d'une autre destinée.

« Il est au fond des âmes, dit J. Rousseau, un principe inné de justice et de vérité, sur lequel, malgré nos propres maximes, nous jugeons nos actions et celles d'autrui comme bonnes ou mauvaises, et c'est à ce principe que je donne le nom de conscience. »

Du même :

« La suprême jouissance est dans le contentement de soi-même. »

Du même :

« Conscience ! Conscience ! Instinct divin, immortelle et céleste voix, guide assuré d'un être ignorant et borné, mais intelligent et libre, juge infaillible du bien et du mal. »

Du même :

« Je n'ai qu'à me consulter sur ce que je veux faire, et tout ce que je sens être bien est bien, tout ce que je sens être mal est mal. Le meilleur de tous les casuistes est la conscience et ce n'est que, quand on marchande avec elle, qu'on a recours aux subtilités du raisonnement. »

Voici comment un Jésuite explique ce phénomène particulier à l'homme et dont on a constaté quelques manifestations dans le chien domestique et l'éléphant : la conscience :

« Cette force confiante, qui maintient en nos cœurs l'espérance indomptable, malgré toutes les douleurs et ne cesse de nous dire : il y a mieux! Cette force infatigable qui conduit l'homme dans son voyage terrestre, comme un voyageur enthousiaste, plein de jeunesse et d'illusion, rêvant toujours dans le lointain, au delà de chaque horizon, une nature plus riche et plus belle ; cette force chaste et pure qui nous retient en face du mal, qui nous maîtrise et nous arrête sous l'élan des plus fortes passions, qui met entre le mal et nous un temps d'arrêt, une épouvante qu'une volonté désespérée nous fait seule traverser, cette force irritée qui se lève et ne veut plus se taire, quand le mal est commis, qui vibre et crie sous l'effort même tenté pour l'étouffer, cette force c'est la voix de Dieu ; c'est Dieu présent partout. Dieu dans lequel nous sommes, dans lequel nous vivons. C'est Dieu qui nous donne le choix entre l'égoïsme et l'amour et nous pose ainsi, à chaque henre, la question de la vie morale et de son épreuve. (GRATRY. *Connaissance de l'âme.* T. II. p. 46).

Cette force, c'est la voix de Dieu, dit le Jésuite : explication ecclésiastique. Le Dieu, tel que le conçoivent les Chrétiens, n'est ni bon ni juste. L'histoire des catastrophes que lui attribuent ses prophètes, les crimes commis en son nom, les mœurs, la cruauté, la rapacité, la vanité de ses réprésentants, témoignent contre lui et détruisent le raisonnement du P. Gratry.

Si un Dieu, principe de souveraine beauté parlait vraiment par la voix de la conscience, cette voix serait toujours claire ; elle s'imposerait par la force de ses commandements. Chacun l'entendrait et lui obéirait avec un empressement égal.

Tenons-nous en aux explications rationnelles.

Opinion de Berthelot dans l'article *Science et morale*, publié en réponse à *La faillite de la science* de Brunetière :

« Il existe des règles de conduite fondées sur les lois inéluctables, constatées par l'observation et dont la méconnaissance conduit les peuples comme les industriels à la ruine. »

Opinion de Haeckel :

« Nous portons en nous-mêmes le pressentiment sûr et le sentiment certain de quelque chose de meilleur. »

C'est l'impératif catégorique de Kant.

A laquelle de ces deux autorités vous rapporterez-vous de préférence ? Au père Gratry ou à Berthelot ?

Assurément elle existe cette force intime qui nous contraint vers la Beauté.

Guyau dit encore à ce sujet dans l'*Esquisse d'une morale sans obligation ni sanction* :

« Chacun de nous sent en lui une sorte de poussée de la vie morale, comme de la sève physique. Vie, c'est fécondité, c'est la vie à plein bord, c'est la véritable existence. Il y a une certaine générosité inséparable de l'existence et sans laquelle on meurt, on se dessèche intérieurement. Il faut fleurir ; la moralité, le désintéressement, c'est la fleur de la vie humaine. »

D'où peut venir cette voix de la conscience ? En réalité, elle est faite du concert de mille et mille voix de nos ancêtres. Par elle s'exprime l'expérience des générations éteintes depuis que s'est produit un commencement d'ordre familial et social. Générations éteintes ? Vraiment non ; elles revivent en nous. Elles nous parlent par cette voix lointaine des parents disparus, grands-parents, aïeux et aïeules avertis eux aussi par ceux qui les précédèrent. Les générations se transmettent ainsi le résultat des expériences accumulées.

Notre personnalité résulte de l'appoint de toutes ces vies dont nous sommes l'expression actuelle. Chaque génération y ajoute le sien. Ainsi se poursuit la formation progressive de la conscience humaine.

Libre à vous d'ailleurs de faire remonter à un Dieu la cause première de cette impulsion instinctive vers le bien. Cela importe peu, à la condition toutefois que votre Dieu, fort différent du Moloch biblique et chrétien, soit une personnification subjective ou objective de la plus haute conception de la beauté souveraine, une source vivifiante des idées de justice et de bien; à la condition que, sur cette croyance, vous n'échafauderez pas un culte avec révélations, textes sacrés, collèges sacerdotaux et dogmes provocateurs des disputes et fureurs religieuses.

Parce qu'il avait entendu la voix ancestrale, Francisque Sarcey a écrit cette page qui contient la substance de toute une doctrine effective.

« Je me sens solidaire de toutes les générations qui m'ont précédé dans la vie et qui ont travaillé pour moi. Je ne puis rien pour leur témoigner ma reconnaissance et m'acquitter envers elle; rien que faire, pour les hommes qui m'entourent et ceux qui viendront après, ce qu'elles ont fait pour moi : donner ma part de travail, ajouter mon petit grain, faire en un mot le peu de bien dont je suis capable. Notre premier devoir c'est le travail, notre second c'est la bonté. Il faut être bon; plus je vieillis, plus je sens la nécessité du précepte. Il n'y a de joie véritable qu'à être bon; il n'y a même de grandeur morale qu'à cela.

« Nous devons être bons pour les autres parce qu'on a été, si peu que ce soit, bon pour nous. C'est une pure conséquence de l'idée de solidarité. Maintenant il est certain qu'il en est de la bonté comme du travail. L'exercice en est peut-être pénible au commencement; il devient un exercice, et un jeu dont on ne pourrait se passer. Je tâche de vivre le plus honnêtement et le plus commodément que je puis en résumant la loi morale dans cette double formule : TRAVAIL ET BONTÉ. »

Francisque Sarcey ne fréquentait pas les sacrements ; il pratiquait le voltairianisme, plus dégagé même que Voltaire, puisque ce dernier croyait vaguement à une sorte de lieutenance de police suprême. Et pourtant ce libre penseur cédait avec joie à l'obligation de concourir, pour sa part, dans la mesure de ses moyens, au travail de l'espèce.

L'obligation morale produit donc ses effets sans contrainte religieuse. La démonstration résulte de l'expérience quotidienne. Du devoir accompli nous vient une allégresse dont l'intensité se mesure à l'effort produit, à la difficulté vaincue.

Quelle nécessité d'en rechercher la cause initiale hors de notre humanité ? Quand le rossignol égrène éperdument les notes de sa chanson, dans le voisinage du nid où sa compagne couve le fruit de leurs amours, vous écoutez, ravi, sans qu'il vous soit nécessaire de rechercher si l'oiseau mélodieux obéit à une impulsion d'ordre divin.

Il dit son hymne à l'amour ; il chante, comme chantèrent les rossignols des étés précédents, parce qu'il obéit à son besoin d'aimer et de chanter.

Par les beaux soirs de juillet, à l'heure du soleil couchant, si vous passez par les plaines de la Provence, vous entendrez descendre, des hauteurs du ciel, le cri perçant d'un oiseau. Vous le cherchez vainement du regard tandis que la voix se fait de plus en plus lointaine. C'est la calandre, espèce d'alouette plus grosse que l'alouette commune. Elle monte, elle monte, poussant sa note aiguë vers le soleil qui s'en va de l'autre côté de la terre ; elle s'enivre d'air pur et de lumière dans l'espace infini jusqu'au moment où, sentant ses forces épuisées, gardant dans ses prunelles l'éblouissement du dernier rayon, elle se laisse retomber dans l'ombre des guérets. Elle y dormira dans l'attente de l'aurore prochaine.

Dans notre recherche obstinée du beau, nous obéissons à notre loi comme la calandre obéit à la sienne quand elle plane en plein ciel.

Notre loi est de travailler, en connaissance de cause, au développement progressif de l'espèce. La part d'énergie mondiale inhérente à notre humanité a ceci de spécial que nous pouvons en suivre les manifestations en nous-mêmes et aussi dans le reste du monde accessible à notre observation. Le spectacle ne laisse pas d'être passionnant pour le chimiste, le naturaliste, le philosophe attachés à l'étude de ces phénomènes naturels en qui se révèle l'action éternellement ininterrompue d'une volonté mondiale saisie dans l'atôme, la cellule, le microbe, le nid de fourmis, la ruche d'abeilles, et la fécondation des plantes comme dans les sphères célestes.

Le papillon de nuit, le Quercus, sait retrouver la femelle à des distances extraordinaires pour notre entendement. Un Toulousain de mes amis, collectionneur de papillons, le constatait, tous les ans.

Le Quercus ne vit que dans les forêts de chênes. La plus voisine de Toulouse est à une distance de 20 kilomètres environ. A l'époque de la fécondation, le mâle ne manquait pas de venir chercher la femelle dans la pièce où elle se trouvait et dont la fenêtre était restée ouverte pendant la nuit.

Au repos, le papillon de Malaisie, le Kallima, figure exactement une feuille d'arbre desséchée avec sa nervure médiane, ses nervures secondaires et sinuosités de la bordure. L'observateur non prévenu s'y méprend non moins que l'oiseau qui passe près de la proie sans la reconnaître.

D'autres papillons se façonnent sur le modèle des guêpes. L'insecte de Provence, l'Empuse se confond avec un morceau de sarment sec. Le lagopède des Pyrénées, perdreau de hautes montagnes, change de couleur avec les saisons, blanc en hiver comme la neige où il se tapit, gris comme la terre, quand fond le manteau des montagnes. Par des procédés variés, la nature pourvoit à la protection de chaque espèce. Ainsi se révèle en nous et hors de nous l'âme toujours agissante de l'univers infini. Nos adorations, supplications et offrandes ne peuvent rien changer à ses effets nécessaires.

Impossible à notre intelligence limitée de remonter à la source de cette énergie universelle.

« Convient-il de se tourmenter ? Pourquoi ? Poursuivons notre chemin avec une confiante sérénité sans plus de terreur que l'enfant cheminant près de sa mère et sans autre préoccupation que de ne pas arriver au terme de la vie sans avoir vécu, sans avoir ajouté quelque chose de nous à la provision de route de la génération qui nous suivra : un peu plus de raison, un peu plus de respect de la justice et de la vérité, un peu plus de courage et de force morale » FÉLIX PÉCAUT.

La Justice.

Notre premier devoir c'est le travail ; notre second c'est la bonté, dit Francisque Sarcey. Mais la bonté ne se sépare pas de la justice. Toute la morale repose sur l'idée fondamentale de justice. Toutes les obligations en découlent et la justice ne se confond pas toujours avec la bonté. La première est constamment obligatoire ; la seconde doit se pratiquer avec discernement et jamais au détriment de la justice.

Bon ? oui. Débonnaire ? non.

Assurément il est plus facile d'être bon que d'être juste. La justice s'appuie sur des raisons qui la rendent obligatoire. La bonté s'inspire du sentiment lequel peut induire en erreur s'il n'est soumis au contrôle de la raison.

Un ami reprochait à Lamartine d'être trop bon. Lamartine lui répondit : « Il ne faut pas être bon mais trop bon. » Il se trompait. Par des complaisances excessives à l'égard des coquins, on les encourage à mal faire. D'autres que vous peuvent en subir les conséquences. Il vous en reviendrait une part de responsabilité. Par faiblesse de caractère ou par vanité, Lamartine se laisait piller avec une dédaigneuse complaisance. Nullement préoccupé de conserver un gage aux créanciers honnêtes ou d'assurer des ressources à la nièce qui lui était si dévouée, il se livrait aux usuriers et aux fripons.

Jésus recommande de rendre le bien pour le mal. Il est en contradiction avec son père, le Dieu des vengeances. Pratiquez de préférence la doctrine de Confucius.

Un disciple pose cette question au Maître :

— Que doit-on penser de celui qui rend des bienfaits pour des injures ?

Réponse du Maître :

— Si l'on agit ainsi, avec quoi pourra-t-on rétribuer les bienfaits eux-mêmes ? Il faut rétribuer, par l'équité, la haine et les injures ; et les bienfaits, par les bienfaits.

L'homme étant une fin en soi, sa personnalité comporte des droits inaliénables qu'il vous appartient de défendre avec le concours des lois lorsque les lois vous assurent les garanties nécessaires ; avec vos propres forces, si vous y être contraint par les circonstances.

A une violence répondez par une violence. En cas d'attaque, vous êtes juge de la gravité qu'il convient de donner à la riposte.

Il est des outrages contre lesquels la loi française ne vous protège pas d'une manière suffisante. A vous de les dédaigner ou de les relever : cela dépend de la qualité des personnes. En certaines circonstances, le duel vous offre le moyen le plus honorable de venger un affront. En Angle-

terre, on réprouve le duel : en France, on en juge tout autrement ; question de mœurs. Je préfère le procédé français ;
il permet de solutionner avec promptitude et élégance des
situations délicates soustraites à la compétence des juges.

Le duel a cet avantage qu'il fait bonne part à la force
morale. L'arme au poing, un homme de vigueur muscu-
laire médiocre, mais courageux, peut, à la condition de
n'être pas trop étranger au maniement de son outil, se
mesurer avec un adversaire quelconque.

Donc, préparez-vous au combat. Faites d'abord les exercices nécessaires au développement des organes mis à
votre disposition par la nature, vos pieds et vos poings.
Apprenez à vous en servir. Si vous être résolu à prendre
une part active aux luttes de votre temps, vous vous trou-
verez réduit, en bien des cas, à la nécessité d'user pour
votre défense, des arguments en deux poings. Ce ne sont
pas les moins efficaces envers certains adversaires.

L'humanité est ce qu'elle est, encore étrangement mêlée
de brutale barbarie. Les sages rendent hommage à la justice ; quelques-uns la pratiquent. Le plus grand nombre
gardent de la considération et du respect pour la force, la
force tout court, celle du conquérant, du boxeur ou de
l'homme d'épée. Elle garde tout son prestige auprès des
masses. Malheur aux vaincus ! Le mot de Brennus est aussi
vrai aujourd'hui qu'à l'époque de Coriolan.

Si vous tombez, la foule vous piétine. Si vous triomphez,
ou si vous résistez vigoureusement, elle vous acclame. C'est
ainsi. Les gens ne s'embarrassent pas de raisons morales.
Elles exigent un effort d'esprit et le plus grand nombre
préfère s'en affranchir conformément à la loi du moindre
effort.

Confucius recommande de coucher tout armé, de rester
ferme en son énergie et de voir sans peur l'approche de
la mort.

Si on vous attaque, frappez et faites bonne mesure aux
coquins. Vous leur devez la justice et rien de plus.

Vos Libertés.

Vous tenez des Français vos aînés un héritage de libertés politiques et philosophiques, qui constituent le plus précieux des biens. Ces biens sont à vous. Défendez-les à l'occasion, avec toute l'énergie possible contre les partisans des anciens régimes toujours obstinés dans leurs entreprises de restauration monarchique et cléricale. Contre l'homme qui tenterait de vous déposséder violemment de ces libertés vous avez tous les droits. En cas de danger, il y a pour vous obligation d'honneur à contribuer à la sauvegarde des lois constitutionnelles de la République qui assurent le développement progressif de la collectivité nationale surtout en faveur des prolétaires. Ils attendent la réalisation des espérances que la République leur a fait concevoir.

« Tu aimeras ton prochain comme toi-même, dit Jésus, dans l'évangile de Saint-Mathieu. On attribue aux chrétiens le mérite de cette doctrine altruiste dite *Règle d'or*. Elle était déjà formulée par Confucius plus de cinq cents ans avant l'ère chrétienne. Le disciple Iseu-Koung demande au Maître : Est-il possible d'exprimer par un seul mot la règle de vie ?

Le maître répond :

— Il y a le mot *chou, réciprocité*. Il signifie : il faut faire à autrui ce que vous voulez que l'on fasse à vous même.

Le disciple demande :

— En quoi réside la vertu ?

Réponse :

— Dans le respect de soi-même et des autres, dans la gé.

nérosité, dans la sincérité, dans l'application au bien et la bienveillance pour les autres.

Pareille doctrine se retrouve chez les philosophes de l'antiquité grecque. Le stoïcien fait résider le bonheur dans la pratique de la vertu.

Que pouvons-nous reprendre aux pensées d'Epictète et de Marc-Aurèle? Elles recommandent la pratique de la justice et de la bonté, le respect des lois, le culte de l'amitié, le courage, l'abnégation, le souci constant de la dignité personnelle.

Est-il philosophie plus haute que celle de Socrate telle que l'enseignent le *Gorgias* et le Criton?

A Criton qui lui propose de le faire évader de prison et de la soustraire aux conséquences d'une injuste condamnation, Socrate répond qu'il préfère mourir. Il ne lui appartient pas de se dérober à l'application d'une sentence formulée au nom de la loi. Il préfère mourir. L'important n'est pas de vivre, mais de vivre bien. Quelle que soit l'opinion de la foule, quel que soit le sort qui nous attend, nous ne devons jamais rendre injustice pour injustice.

Aux autres vous devez ce que vous doivent les autres avec cette différence que la somme des devoirs incombe en plus grande proportion à ceux qui peuvent le plus.

— Si vous êtes deux fois plus fort que votre voisin, c'est une preuve que la nature vous a destiné à porter un fardeau double. Si votre intelligence est supérieure, c'est un signe que votre mission est de répandre autour de vous plus de lumière. La faiblesse est créancière de la force; l'ignorance de l'instruction. Plus un homme peut, plus il doit; c'est le sens de cette belle parole de l'Evangile : que le premier d'entre vous soit le serviteur des autres. D'où l'axiome : de chacun selon ses facultés. Là est le devoir.

Mais, avec des facultés, l'homme a reçu de la nature des besoins: besoins intellectuels, moraux et physiques; besoins du cœur, de l'intelligence, des sens, de l'imagination. Or, quel moyen que chacun remplisse la fonction pour laquelle

la nature le créa si les institutions sociales qui pèsent sur
lui font obstacle à l'entier développement de son être en lui
refusant la satisfaction des besoins inhérents à son organi-
sation particulière? D'où, dans les limites des ressources
communes et, en prenant le mot besoin dans son plus large
et plus noble acception, cet axiome qui correspond au premier et le complète : à chacun selon ses besoins. Là est le
Droit. (Louis Blanc. *Révolution de février*).

A vous qui avez reçu une plus grande culture, incombent
des obligations plus étendues qu'au jeune homme, pauvre
d'une instruction rudimentaire. Que pouvez-vous légiti-
mement attendre du fils d'ouvrier contraint par la nécessité de quitter l'école dès l'adolescence pour commencer à
gagner sa vie comme manœuvre ou apprenti? Il va aux
champs, à l'atelier ou à l'usine, au moment où vous, fils de
bourgeois, vous êtes introduit dans le temple de Minerve.
Tandis que les maîtres vous initient aux nobles jouissances
de l'esprit et vous ouvrent le trésor de la science, il épuise
ses forces pour un maigre profit à de vulgaires et pénibles
travaux qui n'ont rien d'esthétique. Le soir, votre éducation se développait au foyer par la lecture, la musique, les
causeries variées.

La journée de rude labeur terminée, le jeune ouvrier ne
trouve aucun de ces agréments en son logis. Après un repas
moins succulent que le vôtre, il n'éprouve que le besoin de
demander au sommeil les forces nécessaires au travail du
lendemain.

Il oublie le peu qu'il a appris à l'école tandis que s'étend
le champ de votre connaissance.

Ayant reçu plus que lui, vous devez plus que lui pour le
motif indiqué par Francisque Sarcey et par Louis Blanc.

Inspirez-vous de ces considérations pour déterminer
votre ligne de conduite politique et sociale.

Il faut être bon aux malheureux, secourable aux faibles, aux désemparés. A leur égard, la bonté s'impose comme une obligation de justice sociale. Cette bonté se distingue de la charité des dévots par son caractère obligatoire.

Telle dame catholique, pourvue d'un directeur de conscience, fait distribuer les restes de sa cuisine à des pauvres groupés devant sa porte : ouvriers sans travail, mères abandonnées, enfants maigres et déguenillés, vieillards courbés sous le poids des ans, condamnés à une fin misérable, et souvent, après toute une vie de courageux labeur. Elle fait de la charité et croit s'assurer une part de Paradis à peu de frais. Si son directeur possédait une intelligence claire et une conscience bien établie, il lui dirait : Ne vous contentez pas de faire distribuer par vos laquais les reliefs de vos festins aux affamés ; descendez dans la rue, interrogez, cherchez la cause de ces souffrances et occupez-vous d'y apporter un remède dans toute la mesure de vos moyens.

Mais ce directeur très chrétien ne peut que se conformer aux instructions de son maître, le Pape. Dans l'encyclique sur la *Condition des ouvriers*, Léon XIII n'indique pas d'autre remède à la misère que de pratiquer cette charité, dégradante à celui qui reçoit, sans mérite pour celui qui donne.

On a loué le socialisme chrétien de Léon XIII. Admirable ingénuité des croyants ! Léon XIII se borne à de vulgaires banalités touchant les devoirs des riches envers les ouvriers qu'il convient de traiter avec bienveillance. Ceux qui vivent dans l'opulence doivent distribuer leur superflu à ceux qui n'ont point le nécessaire. Le Pape est très précis sur ce point. Les riches ne sont pas tenus de prendre sur les ressources convenables à leur train de vie habituel. Le Pape ne leur demande pas de prélever sur leur opulence une part destinée au soulagement des deshérités, mais de distribuer uniquement leur superflu.

Est-ce bien conforme à l'Evangile où St Mathieu raconte le miracle accompli par Jésus sur une montagne, près de la

mer de Galilée ? Plusieurs milliers de personnes, quatre
mille exactement, l'accompagnaient depuis plusieurs jours
sans convoi de vivres. — Je ne veux pas les renvoyer à jeun,
dit Jésus. — Ses disciples s'étaient pourvus de sept pains
et de quelques petits poissons. Jésus les distribua à la
foule. Tous furent rassasiés et on emporta sept corbeilles
pleines des morceaux qui restaient.

L'Evangile fait remarquer que, dans les quatre mille
personnes mentionnées, n'étaient compris ni les femmes ni
les enfants. Jésus ne prélève pas d'abord sa part et celle de
ses disciples. Il distribue à la foule tout ce qu'il a. Ainsi
procédaient les Chrétiens des primitives églises ; ils ne se
contentaient pas de pratiquer l'aumône, ils se donnaient
tout entiers au soulagement des pauvres et aux soins des
malades ; ils partageaient leurs richesses avec les frères,
tel St Martin donnant à un pauvre non vêtu la moitié de son
manteau. Les papes, cardinaux, évêques, chanoines et curés
à prébendes abondantes, ne poussent pas si loin l'esprit de
sacrifice. Nous sommes loin du *Misereor super turbam.*

De nos jours, les femmes chrétiennes organisent des
fêtes de bienfaisance. Là, s'étale l'insuffisance morale des
créatures soumises aux déformations ecclésiastiques ; matière à distraction, à flirt et rendez-vous galants pour
les oisifs des deux sexes et les vaniteux. Les jeunes filles à
marier y tiennent des comptoirs où elles vendent des
sourires, sous l'œil réjoui des mères chrétiennes. Elles
jouent du piano, elles chantent, elles valsent en des repré-
sentations et des bals de charité, incapables de sacrifier un
bijou, une toilette ou un festin pour apporter un réel soulagement à une misère. Les frais absorberont la plus large part
des produits ; les chanteuses de marque recevront des bou-
quets de cinquante francs et, quelques jours après, les
bonnes dames chrétiennes, vêtues de manteaux richement
fourrés, iront distribuer quelque menue monnaie en de misérables taudis où gîtent les mères anémiées et les enfants pâles
destinés aux phtysies prochaines. Cette promenade dans

les galetas, où se déroulent des drames autrement poignants que ceux du théâtre, fournit le complément à la fête des femmes chrétiennes, bien persuadées qu'elles accomplissent un acte héroïque dans cette excursion à travers les champs de la douleur.

Le plus souvent, les évêques, les prêtres et les moines se chargent de la distribution des aumônes. Ils en retirent un large profit. La pauvreté constitue pour l'Eglise un riche domaine. Elle l'exploite avec une rare ingéniosité.

La plus large part du pain de St Antoine ne va pas à ceux qui souffrent de la faim. Cette charité chrétienne n'est que mensonge et hypocrisie.

Soyez bon, mais d'une bonté plus réelle si vous voulez accomplir votre devoir d'homme envers vos semblables moins heureux que vous.

Aux menteurs, aux hypocrites, aux fourbes, aux larrons de l'humanité, à ses parasites, aux trafiquants de la piété, de la pitié et de toutes les misères, vous devez la justice et la justice veut que vous les combattiez à outrance, non par la calomnie et les basses manœuvres, leurs armes ordinaires, mais par de franches et loyales attaques avec le fouet de la vérité au service de la saine morale.

La Sanction.

Les Chrétiens renvoient au jour du jugement dernier les sanctions des actes accomplis au cours de la vie terrestre. C'est un peu loin et d'une efficacité insuffisante. Les croyants espèrent toujours se libérer à l'approche des derniers moments par une confession générale qui liquide le passif et les met en règle avec Dieu. Les riches jouissent à cet égard d'un précieux avantage. Par des fondations pieuses, par des séries de messes posthumes et payées d'avance, ils peuvent s'assurer des garanties refusées

aux pauvres. De là un commerce infâme. Des comptoirs
fonctionnent à cet effet dans l'intérieur même des Eglises, à
Lourdes, à Ste Anne d'Auray et à Padoue, en l'Eglise de
St Antoine. On y vend des messes à tout prix, à trente sous,
à trois francs, à six francs et plus. Ce ne sont pas seulement des messes destinées à adoucir le sort des âmes du
Purgatoire. On invoque, pour des prix variés, l'intervention
de la Vierge ou d'un saint en renom à l'effet de réussir
dans un examen et dans un concours, de gagner un procès,
de faire un bon mariage ou d'obtenir une belle mort pour
quelqu'un des siens. Que vous semble du sens moral de
ceux qui achètent et de ceux qui vendent ?

Pour nous, nos actes comportent des sanctions plus prochaines et plus réelles. Nous pensons que tout acte bon ou
mauvais produit un effet correspondant : ordre ou désordre,
paix ou guerre, confiance ou inquiétude, satisfaction intime
ou tourment, joie ou souffrance. En dehors des répressions
ou récompenses sociales, l'homme ne tarde pas à recevoir
son salaire. Ce salaire est fixé par le juge intime qui siège
au dedans de nous-mêmes. La sanction réside dans les conséquences directes ou indirectes du fait accompli.

Sans doute, dans toutes les consciences ne siègent pas
des juges de même autorité. Ils varient avec la valeur des
individus et cette valeur augmente ou diminue avec l'intensité ou le relâchement de la culture qui donne son prix à
la vie.

« La culture, c'est la délivrance, la destruction de toutes
les mauvaises herbes, de tous les décombres, de toute la
vermine qui voudrait nuire au germe délicat de la plante ;
c'est un rayonnement de lumière et de chaleur, une bienfaisante ondée de pluie nocturne. » NIETZSCHE.

La sanction, c'est la récolte, moisson dorée ou chiendent.

La récolte, c'est la vie apaisée et fière dans la sécurité,
la joie inestimable de l'honnête homme assuré, en son fort,
contre toutes les agressions, dédaigneux de toutes les em-
bûches et supérieur à tous les dangers.

La sanction est dans la voix de l'ancêtre murmurant au
coupable : Tu as manqué au devoir, tu as péché contre
l'honneur, tu es un pauvre homme, un lâche. La sanction
est dans les conséquences ordinaires de la faute. Que
d'existences bouleversées et gâtées par une faiblesse, une
vilenie, une passion mauvaise, passion galante, passion de
jeu, ivresses et ambitions malsaines, appétits démesurés et
sans scrupules !

Un parlementaire pourvu d'un rare ensemble d'avantages,
instruit, éloquent, de belle allure, riche, paraissait destiné
aux plus grands rôles politiques. A son berceau, comme
dans les contes, les fées avaient été conviées, sauf une qu'on
avait oubliée. Elle se vengea en le privant de sens moral.
Avide de jouissances d'ordre inférieur, il se précipite dans
le tourbillon de la vie boulevardière, corrompue et coûteuse.
Il trafique de son mandat. Une circonstance imprévue révèle
la prévarication. La ruine survient, ruine des espérances
politiques, ruine des joies domestiques.

Combien d'autres sombrèrent dans l'ignominie : publi-
cistes de talent, littérateurs, financiers, industriels et commerçants dont la vie se termina dans la souffrance expiatoire ou le suicide, dernier refuge.

Au cours de l'affaire Dreyfus, les auteurs du complot,
gens d'invraisemblable inconscience, la plupart gâtés par
le système d'éducation congréganiste, s'enivraient de leur
infamie. Un jour, sonne l'heure de la justice. Les héros du
mensonge et du faux sont dévoilés. Leur troupe se disperse
sous les huées du monde entier, attentif à ce drame extraor-
dinaire. L'un se coupe la gorge, d'autres cherchent le salut
dans la fuite ou s'enveloppent d'ombre. Quelques-uns, particulièrement dépravés et cyniques, essaient encore d'égarer
l'opinion. Ils gardent sur le front la trace indélébile du fer
qui les marqua au moment des justes répressions.

On pourra vous dire : il n'est pas vrai que le châtiment
suive de près la faute du pirate sans foi ni loi.

L'ambitieux sans scrupule, le financier avide qui usent

de procédés peu honorables, le soldat qui s'empare violemment du pouvoir et monte au Capitole par une voie ensan-
glantée, l'homme qui trahit ses engagements et use de tous
les moyens pour atteindre son but, savourent souvent dans
la paix et la considération le prix de leurs exploits. Apparence illusoire. Le coupable porte son mal avec lui. Il le
cache, mais il sent la morsure ; l'œil regarde toujours Caïn.
Il suffit d'un événement imprévu pour mettre la plaie
à nu.

D'autres fois, la catastrophe survient éclatante et tragique. Le triomphateur tombe de son piédestal et s'abîme.
Napoléon Ier meurt isolé, privé de son fils, dans l'île de
Sainte-Hélène. L'autre s'écroule dans la honte. Toutes les
conditions fournissent des exemples divers. Regardez,
observez et vous constaterez.

Tel paraît jouir d'un succès continu, assuré par des procédés illicites, qui pâtit dans l'intimité de son foyer. Il est
sevré de joies domestiques ; il souffre par sa femme ; il
souffre par ses enfants. Car ces joies intimes ne s'acquiè-
rent que par la pratique du devoir et ce sont les meilleures
de toutes.

Serons-nous impitoyables à l'homme qui a commis une
faute, qui a cédé à un entraînement, succombé à une passion ?
Nullement. L'Evangile est supérieur là où il recommande
l'indulgence, la pitié, le pardon. Le Christ donne une leçon
de haute sagesse quand, s'interposant entre la femme
adultère et ceux qui allaient la lapider, il dit : Que celui
d'entre vous qui n'a jamais péché lui jette la première
pierre.

Le pardon revient de droit à celui qui reconnaît sa faute
et la regrette. Mais le pardon ne suffit point. La réparation
s'impose et elle ne saurait être opérée par des prières que
dira un prêtre salarié ou un parent compatissant.

Notre Idéal.

Si tu veux labourer droit et profond, a dit un poète américain, accroche ta charrue à une étoile. Formule magnifique. En elle réside le secret de l'art de vivre.

A travers les ronces, pousse ton soc ; défonce le sol. L'œil fixé sur l'étoile, assainis le marais. Ta besogne quotidienne terminée, tu regagneras la maison, l'âme en paix, le cœur en joie, surtout si tu es accueilli par une compagne associée à ton entreprise et par des enfants préparés à poursuivre ton œuvre. Tu t'endormiras satisfait en rêvant des moissons futures.

Pour avoir méconnu cette joie de l'activité, pour avoir déprécié le travail en lui donnant le caractère d'une pénitence qu'aurait provoquée la curiosité de nos premiers parents, le Christianisme a tari les sources d'énergie là où sa doctrine a prévalu.

Son idéal s'exprime dans les hymnes funèbres : le *De Profundis* et le *Dies iræ*. Excellent régime, convenable aux névrosés, aux éclopés de la vie. Si cet idéal plaît à votre tempérament, réfugiez-vous dans un monastère ; priez, méditez, abandonnez-vous aux contemplations mystiques ; infligez-vous les mortifications préparatoires à ces joies éternelles réservées aux grands saints : St Antoine, St Syméon le Stylite, St Louis de Gonzague et St Labre. Leurs travaux furent si précieux à l'humanité !

S'il vous plaît au contraire de dépenser votre activité d'une manière productive, si vous êtes résolu à vivre votre vie intégrale d'homme complet, il faut choisir un autre idéal que celui d'Ignace de Loyola.

Mais il en faut un.

L'ennui envahit ceux qui en sont dépourvus. Quel intérêt peut offrir l'existence sans but provocateur d'énergie ? Leurs épaules fléchissent sous le poids des jours ternes et monotones. Leurs soirs ne sont pas illuminés par les espoirs du lendemain. Ils sont pareils à des voyageurs sans but, à des marins privés de boussole. Aussi, pour échapper à l'angoisse, se plongent-ils dans les ivresses vulgaires : opium, morphine, alcool, jeu, vices divers, passions bestiales, toutes destructives de la pensée, de la volonté, de la personnalité consciente. Ne sachant qu'en faire, ils l'étourdissent. En même temps, ils se dégradent et l'ennui ne laisse pas de les tourmenter.

Le mysticisme religieux aboutit au même abêtissement.

Seules sont productrices de bénéfices et de joies assurées les ivresses que provoquent les efforts de l'homme de science occupé à élargir le domaine de notre empire dans le champ de la nature ; du philosophe attaché à l'étude des phénomènes cérébraux et à la culture de notre puissance intellectuelle ; de l'artiste, du poète, du littérateur, qui font de la beauté et moralisent ; du citoyen voué à la défense des droits de l'homme ; du sociologue qui poursuit la réalisation d'un rêve de justice et de fraternité.

La plus grande part revient à ceux qui, pour le service de la liberté, de la vérité, de la justice, sont capables de braver les ressentiments des puissances ennemies dont ils compromettent les intérêts, et d'affronter la fureur des foules rivées aux vieilles pratiques. S'il vous plaît de vous engager dans les rangs des libérateurs, faites ample provision de courage. Prémunissez-vous contre les défaillances et les dégoûts, car le spectacle de la sottise des uns et de la vilenie des autres porte parfois les plus vaillants à se demander si les efforts des agents de civilisation ne sont point frappés de désespérante stérilité et si le peintre de la *Danse Macabre* n'avait pas raison de tracer ces mots sur le mur du cimetière de Bâle :

> A la sueur de ton visage,
> Tu gagneras ta pauvre vie
> Et tu seras triste et marri
> Pour tout le reste de ton âge.

Désespérance bien compréhensible en ce commencement du xvie siècle, après une peste dont les ravages avaient provoqué la terreur dans les esprits et ménagé un bon terrain d'action aux industriels de l'Eglise.

Nous n'avons pas les mêmes raisons de nous lamenter en cette vallée terrestre ; elle n'est pas une vallée de larmes pour ceux qui savent se défendre contre les déboires accidentels, pour les hommes vigoureux dont l'énergie se retrempe dans les épreuves.

Ces bonnes joies sont accessibles à tous ceux qui, exerçant une fonction quelconque, contribuent pour leur part, dans la mesure de leurs moyens, au travail social. Chacun peut y atteindre par la pratique des obligations qui lui incombent, du laboureur au soldat.

C'est surtout dans une démocratie que ce dernier peut connaître l'ivresse héroïque, quand il met sa force et son courage au service du Droit. Entre le brigand et le soldat conquérant, la différence est légère. Mais, dans une libre République, on doit classer parmi les plus nobles fonctions celle de l'homme armé par ses concitoyens avec mission de les protéger contre toute violence brutale. C'est un beau métier que de monter la garde autour de ceux qui travaillent, de s'exercer au maniement des armes destructives, de s'entraîner à la fatigue, au mépris de la souffrance et de la mort pour se tenir prêt à repousser les attaques possibles des brigands impériaux ou royaux du voisinage.

Dans un pays d'égalité comme le nôtre, à chaque citoyen incombe le devoir de prendre sa part de cette défense et de s'y préparer dès qu'il a atteint l'âge d'homme. Cette nécessité s'imposera tant que subsistera, chez un autre peuple, l'humeur guerrière.

Le devoir du Français républicain est d'éviter la guerre dans toute la mesure compatible avec le souci de son indépendance et de la poursuivre avec une extrême rigueur en cas d'absolue nécessité.

Patrie.

La patrie est d'ordre naturel et non conventionnel, du moins dans l'état présent de l'humanité, le seul dont nous puissons nous rendre compte. Des groupements d'hommes que les affinités sociales, les intérêts économiques, les événements politiques ont soudés peu à peu les uns aux autres, forment des personnes morales, personnalités réelles, pourvues de leurs aptitudes et tempéraments distinctifs. Elles ont une âme propre qui apparaît dans toutes les manifestations de l'activité humaine : art, littérature, philosophie, politique, mœurs. Ce tempérament se reconnaît à l'allure générale, aux traits de la physionomie qui font aisément distinguer une famille d'Anglais, d'Allemands, de Français, d'Italiens, d'Espagnols ou d'Asiatiques.

Chaque groupement a sa langue, ses doctrines, ses besoins intellectuels conformes à leurs divers caractères. Faut-il en conclure qu'ils doivent vivre en ennemis ?

Longtemps, l'étranger s'est confondu avec l'ennemi. Longtemps, on a cru que la prospérité d'un peuple exigeait la ruine des autres ; les générations cultivaient un patriotisme jaloux, farouchement exclusif. Les guerriers fournissaient à la littérature, à l'art, à l'histoire, leurs personnages les plus admirés. Les plus beaux poëmes épiques sont consacrés aux exploits des brigands conquérants. De la guerre de Troie à celles d'Alexandre, de Napoléon Ier à certains généraux contemporains, agissant en Chine ou ailleurs pour le compte d'une nation quelconque, c'est une suite de vols, de viols, de massacres, de ruines glorieusement accomplis.

Il semble qu'une réaction commence à se produire, en divers pays, parmi les gens raisonnables. Serait-ce la fin d'un vieux monde et l'aube d'une ère nouvelle ? Cependant, ne nous berçons pas d'illusions périlleuses. Le dieu de la guerre ne perdra pas de si tôt son prestige atavique. L'année dernière un juriste bavarois, qui fut l'un des délégués allemands à la première conférence internationale de La Haye, publiait un livre où il célèbre la nécessité et les bienfaits de la guerre. Il y est dit que « la guerre fut toujours le « moyen le plus rapide pour activer les progrès de l'huma-« nité. La Germanie et l'Italie n'ont conquis leur nationalité « que par le fer et le sang. La tempête purifie l'air ; elle « détruit les arbres débiles, mais laisse debout des chênes « vigoureux ».

Ce juriste bavarois fait bien peu de cas des arbres fruitiers et des frêles tiges de froment, moins résistantes à la tempête que les grands chênes, mais plus utiles à notre humanité.

Que la guerre ait été nécessaire dans les temps précédents, que la civilisation ait dû passer par la voie douloureuse, c'est un fait historique. Les nationalités se sont constituées par la force brutale ; leurs éléments se soudèrent par le sang. Faut-il en conclure que ces nationalités ne se maintiendront et ne prospéreront que par la continuation de la guerre et qu'elles ne s'entretiendront en bonne forme que par le maniement renouvelé des armes de combat.

Les stimulants s'imposent pour secouer les inerties. Mais n'en est il pas d'autres que la guerre ? La rivalité des doctrines philosophiques et politiques, les batailles économiques, les recherches industrielles et scientifiques, les problèmes sociaux dressés devant nous et qu'il faut résoudre, les efforts de tous les jours pour assurer le nécessaire et rendre la vie plus facile, ouvrent à notre besoin d'activité un champ de luttes autrement intéressantes et fécondes que les batailles sanglantes.

En ce légiste entonnant l'hymne à la guerre, au commencement du xx⁰ siècle, revit l'âme d'un adorateur d'Irmensul. Bien d'autres Allemands s'associent à son culte. Cette men-

talité s'affirme en bien d'autres pays, en Angleterre, aux
Etats-Unis, au Japon et aussi dans une catégorie de Français particulièrement réfractaires aux aspirations modernes
de notre génie national.

De là un danger permanent qui nous oblige à des précau-
tions. Pour la masse vulgaire, la force garde son prestige.
A elle s'appliquent encore les vers écrits par Manzoni quand
le *Tedesco* maintenait Venise en dure servitude :

                                              Una feroce
 Forza il mondo possiede e fa nominarsi
Dritto. La man degli avi insanguinata
Seminó l'ingiustizia ; i padri l'hanno
Coltivata nel sangue, e ormai, la terra
Altra messe non dà.

« Une force brutale domine le monde ; elle se fait appeler le
Droit. La main de nos aïeux a semé l'injustice ; nos pères
l'ort cultivée dans le sang, et maintenant, la terre ne
produit pas d'autre moisson. »

Cependant, voici que d'autres graines commencent à
germer. Ceux qui les cultivent doivent surveiller leur champ
et se méfier des fidèles d'Irmensul qui rêvent toujours de
carnage et de rapine.

L'obligation s'impose de coucher tout armé, la lance au
poing, le casque en tête, prêt à sauter sur l'ennemi en cas
d'attaque.

Si cette attaque se produit, redevenez farouche pour un
temps et détruisez autant de barbares que vous le pourrez
et par n'importe quel moyen.

Contre l'envahisseur, contre le guérrier conquérant, la
guerre est sainte, sainte la force qui sert le Droit.

 Celui-là sait mourir qui, pour sa sépulture,
Se fait un beau linceul de pourpre avec son sang.
      (BOUILHET — *Mélænis*).

Si, malgré ton courage, tu ne pouvais triompher de la
force brutale, si l'avenir ne devait pas appartenir à la

justice, si les rêves des meilleurs n'étaient que chimères illusoires, pourquoi s'obstiner à vivre ? Le mieux serait encore de mourir en beauté comme les compagnons de Léonidas.

Si la vie ne vaut que par son rêve de beauté éphémère, sans autre conséquence, prenons-là telle qu'elle est et conformons-nous à notre loi en poursuivant l'image qui nous attire. De cette poursuite même nous viennent les joies les plus sûres et les plus savoureuses.

Ni humilié ni résigné.

L'humiliation et la résignation occupent la première placé parmi les vertus chrétiennes. Les princes de l'Eglise: papes, cardinaux, évêques, curés, moines, ne les pratiquent pas. Leur vanité dépasse touté mesure et leur vengeance s'exerce avec une dureté implacable quand elle peut se donner libre carrière. Rien ne peut se comparer à l'orgueil, à la férocité des papes et des moines au temps des persécutions contre hérétiques et penseurs libres.

La même contradiction apparaît entre les doctrines religieuses et les mœurs, soit des rois et des empereurs chrétiens, soit de leurs coreligionnaires de toutes conditions. Humilité et résignation ! Vertus pour manants ou impuissants et aussi pour quelques âmes naïvement sincères qui répugnent à la fourberie.

Tolstoï, croyant en Dieu et en la parole du Christ, recommande l'humilité et la résignation. Il en donne l'exemple. Doctrine pernicieuse aux souffrants et uniquement profitable aux agents de servitude.

L'avantage appartient à la doctrine de Kropotkine et de Gorki.

Humilié ! pourquoi ? La vanité amoindrit l'homme en le ridiculisant, mais la fierté l'ennoblit. Le souci de sa dignité lui défend de s'incliner devant son semblable à moins qu'il ne veuille donner délibérément une marque de respect à quelqu'un dont il reconnaît le mérite supérieur ; déférence voulue et non soumission acceptée.

A la résignation de Job, nous opposerons la révolte, révolte contre toutes les tyrannies. Nous pouvons succomber sans nous résigner à la défaite. Nous attendrons l'heure de la revanche du Droit.

Mieux est encore de combattre que de battre, dit Montaigne, battre quand on peut et ne pas se lasser de combattre. Montaigne, de tempérament timide et plutôt couard, n'était pas homme à payer d'exemple. Cependant, il reconnaissait l'utilité et la beauté de la vaillance ; il lui rendait hommage.

L'humanité ne doit rien aux esclaves aveuglément soumis aux décrets d'un maître tourmenteur. Ses bienfaiteurs se trouvent parmi les révoltés impatients du joug arbitraire.

Inspirez-vous non du Job baisant la main qui le frappe, mais du Prométhée qui s'insurge contre le Dieu jaloux et va jusque dans sa demeure lui ravir le feu sacré pour en faire don aux habitants de la terre.

En marche.

Vous arrivez à un moment où s'opère un travail sans précédent et simultané dans les mondes judaïques, brahmaniques, musulmans, protestants et même catholiques. Les vieux moules éclatent sous l'effort de la pensée moderne. Aura-t-elle le temps d'arriver à maturité et de se fortifier avant que se produise sur terre et sur mer l'abominable conflit souhaité par le juriste allemand ?

Des tendances libérales se signalent dans le Judaïsme, en Angleterre, en Allemagne, en Amérique. En France, vient de se fonder l'*Union israélite libérale.*

La nouvelle communauté religieuse repose sur un ensemble
d'idées plutôt philosophiques que dogmatiques.

« La science et la morale, écrit son promoteur, M. Lévy,
ne suffisent pas à remplir la capacité de l'âme humaine ;
elles n'apaisent pas la soif logique de la raison ; elles ne
calment pas les inquiétudes de la conscience ; elles ne satis-
font pas également les joies du cœur. La religion est l'effort
de l'être humain pour saisir, dans la mesure de ses moyens,
l'essence absolue et l'ordonnance totale des choses et pour
accorder son action avec cette réalité et cet ordre
universel.

« Cette religion aspire à la connaissance d'un Dieu. Principe éternellement vivant d'ordre, de beauté et d'amour. »

Cependant, M. Lévy ne sacrifie plus au Moloch de la Bible.
Il ajoute : « Le Judaïsme est essentiellement une pratique
morale de la vie. La loi mosaïque ne contient aucune pres-
cription ainsi conçue : *Tu ne croiras pas*, mais *tu feras
ou tu ne feras pas.*

Et encore : Les justes de toutes les nations et de tous les
cultes ont part à la félicité éternelle.

Donc, plus de peuple élu constituant une race supérieure
aux autres. C'est parfait. Ainsi interprété, le Mosaïsme
rompt avec les religions à dogmatisme étroit ; il se rapproche des doctrines philosophiques orientées vers l'harmonie morale, telles que l'ont conçue Confucius, Socrate,
Platon, Aristote, Sénèque, Zénon, Epictète, Marc Aurèle et
les rationalistes modernes.

A Paris, dans un temple de la rue Daval, fonctionne un
Protestantisme singulièrement élargi. La nouvelle église
répudie les dogmes. Elle ne ne cherche pas son unité dans
l'uniformité d'un *Credo*, mais dans le libre consentement
des bonnes volontés attachées à la même culture morale.
L'accord de tous ses membres est fait d'un même désir de
conserver parmi eux la force que donne aux hommes une
foi religieuse bien vivante et de cultiver un idéal de vie

conforme aux besoins politiques et à la mentalité de ce temps.

« La nouvelle association, dit M. Wagner, veut conserver des liens de fraternité avec toutes les parties du Protestantisme et même avec les penseurs libres, ponrvu qu'ils aient l'esprit tolérant et qu'ils mettent la vérité et la justice au-dessus de tout. Mais le *Foyer de l'âme*, c'est le titre de la nouvelle Eglise, doit surtout refléter l'esprit du Christ, qui aime tous les hommes sans distinction, de son cœur immense comme le ciel et profond comme la mer, et met dans l'ombre où nous sommes tant de bonté, de simplicité, de divine clarté, que le sillage de ses pas ne s'est pas encore effacé sur nos flots tumultueux. »

Pensée libre et tolérance vont de compagnie. Les penseurs libres, tout aussi avides de vérité et de justice que M. Wagner, sinon ils mentiraient à leur titre, ne peuvent qu'applaudir à ces tendances libérales. Cependant, ils feront des réserves en ce qui concerne l'Esprit du Christ dont les textes évangéliques dénoncent l'étroite parenté avec le terrible Dieu de Jacob. Le sillage de ses pas sur nos flots tumultueux est marqué, à travers les siècles, par des plaques rouges. Sa parole ne fut pas toujours une parole de paix.

Qu'il nous suffise de constater que le pasteur Wagner n'interprète pas le *Compelle intrare* à la façon de St Augustin, approbateur des coercitions salutaires, et que son interprétation de l'esprit chrétien ne se confond pas avec celle du P. Coubé.

Voici que s'organise en même temps l'*Union des libres penseurs et des libres croyants pour la culture morale*. Union des libres penseurs que la critique scientifique ne conduit pas à l'athéisme et de croyants que le sentiment religieux n'éloigne pas de la méthode du libre examen. Une telle union n'est pas, d'après le fondateur, seulement possible et désirable, mais elle est devenue une nécessité pratique dans la vie présente. Le mieux n'est-il pas de prendre dans le trésor moral de l'humanité tout ce qu'il contient de bon et d'utile pour le progrès ? Les libres penseurs apporteront aux croyants *les légitimes aspirations de l'esprit moderne*. Les autres enseigneront aux scientifiques ce qu'est le sentiment religieux, avec ses besoins intimes, ses intentions profondes, ses élans d'amour et ses espérances invincibles.

« C'est ainsi, suivant M. Kaspar, l'un des fondateurs de cette *Union*, que, dans cette harmonie supérieure de la science et de la religion, se consommera la révolution religieuse. Du même coup, elle libèrera le xxᵉ siècle du cléricalisme ; elle restaurera la conscience humaine et assurera le triomphe de la Justice. » (*Documents du Progrès*, 2ᵉ année, 1908).

« Ce mouvement moderniste essentiellement éducatif et pratique, que l'aspiration religieuse, ainsi comprise, fortifie au lieu de déprimer, s'accuse même en Allemagne, dans les communautés religieuses libres, fort mal vues d'ailleurs du Gouvernement, et en Australie où plusieurs pasteurs, renonçant aux développements dogmatiques, font, dans les cérémonies dominicales, non des homélies, mais des conférences sur des sujets d'ordre scientifique, politique, social, étudiés au point de vue de la justice effective et de la culture morale. Aux Etats-Unis, à Washington, s'organise une église indépendante strictement séparée de toute secte, organisée en dehors du Christianisme, du Judaïsme, du Bouddhisme, de toutes les confessions déterminées, bien qu'ouverte à la vérité contenue dans tous les systèmes religieux. » (*Documents du Progrès*, idem.)

La même revue signale la quatrième session bisannuelle de l'Assemblée internationale des Unitariens, tenue à Boston dans le courant de février 1908.

« Le but déclaré de cette assemblée est de créer un lien entre les hommes de tous les pays qui s'efforcent d'unir la religion pure et la liberté parfaite et d'augmenter entre ces hommes la camaraderie et la coopération. A cette session de Boston, étaient réunis des représentants du Judaïsme, du Christianisme, du Mahométisme et des Brahma Samay. Il y avait des représentants de seize nationalités différentes et les membres de cinquante-sept associations religieuses distinctes.

« La réforme du Bouddhisme se fait au Japon et au Siam dans le sens moderniste. Les rois de Siam ont banni des temples toute superstition. Sous leur puissante influence, le Bouddhisme est redevenu ce qu'il était primitivement, une religion purement morale et contemplative qui s'efforce de donner à l'homme inquiet et tourmenté la parfaite sérénité de l'âme. » (*Documents du Progrès*, idem.)

« Dans l'Inde des Brahmanes, des Hindous, des Sikhs, des Djains, des Parsis ; en Russie, de Batoum à Samarkand, de Moscou à Tackent ; en Amérique, en Égypte, en Turquie et autres points du monde, se développe un culte nouveau fondé sur la doctrine du Musulman Béha Oullah, mort à Saint-Jean d'Acre en 1892.

« Rejetant tous les dogmes et rites surannés, le Béhaïsme convie les Chrétiens, les Juifs, les Musulmans, les Bouddhistes, les Parsis, les Hindous à se réunir dans une commune aspiration vers le Bien, le Vrai, le Beau, sans se lancer de réciproques excommunications et sans s'épuiser dans de vaines tentatives de conversion. Dans certaines villes de Syrie où les Behaïs vivent assez nombreux, le juge ne se souvient pas d'avoir eu, depuis vingt ans, à intervenir pour eux dans la moindre affaire litigieuse civile ou commerciale. » (Idem.)

De leur côté, les sillonnistes voudraient vivifier le Christianisme et lui infuser un sang nouveau en remontant à ses sources sans rompre l'unité catholique. L'entreprise est conduite par des jeunes gens qui ne manquent ni de sincérité ni de courage, esprits généreux, cédant à un besoin d'idéal que la philosophie rationnelle ne leur paraît pas satisfaire suffisamment. Ils se proposent de démocratiser l'Eglise, de lui ramener les masses populaires en introduisant dans la société, des mœurs et des réformes effectives, inspirées de l'esprit d'égalité et de fraternité qui fit, au début, le succès rapide du Christianisme quand vivaient Thaïs et St Théodore le Nubien.

Alors, les esclaves et les vagabonds n'étaient pas admis aux cérémonies cultuelles des dieux domestiques ou nationaux du Paganisme. On les admettait, on les appelait dans les assemblées des Chrétiens; ils participaient aux agapes ; ils échangeaient le baiser de paix sans distinction de race ou de condition sociale ; ils trouvaient là une famille accueillante et leur détresse en retirait un grand soulagement.

Depuis longtemps le Christianisme a dévié de cette voie primitive. Il y a des messes basses pour les pauvres, aux heures matinales. Aux évêques, aux élégantes de Notre-Dame, de la Madeleine, de la Trinité ou de Saint-Augustin, il répugnerait de s'asseoir en un festin rituélique, à la même table que leurs domestiques. Les misérables se tiennent humblement accroupis dans le vestibule de la maison du Seigneur et les fidèles plus heureux ne songent guère à leur donner l'accolade fraternelle. Les damnés de la terre savent maintenant qu'ils n'ont rien à attendre de cette Eglise qui les berça de promesses illusoires. Elle annonçait que la fin du monde allait mettre un terme définitif à toutes les iniquités et donner réparation aux pauvres auxquels le Seigneur réservait les meilleures places à sa droite. Le monde poursuit sa marche ordinaire depuis près de deux mille ans ; la même détresse pèse sur les malheureux avec cette différence que les successeurs des apôtres, loin de se garder des scribes, comme le recommandait Saint-Marc « aiment aussi à se promener en robes longues et à être salués dans les places publiques ; ils réchent les premiers sièges dans les synagogues et les premières places dans les festins ; ils dévorent les maisons des veuves et font pour l'apparence de longues prières. » 12. 38.

Un essai d'épuration fut tenté par de braves gens du XIIᵉ siècle que scandalisaient les vices et les rapines des moines, prêtres et prélats. *Les Sabotés*, *les Humiliés*, préchèrent le retour à la doctrine primitive. Ils donnèrent l'exemple, surtout Pierre Vaud qui distribua ses biens aux pauvres.

Les papes se hâtèrent de faire détruire ces gueux par le bras séculier.

Les sillonistes actuels ne sont pas plus agréables aux papes modernes. Ils ne subiront pas le même traitement parce que le bras séculier n'est plus au service de l'Eglise romaine ; mais ils ne réussiront pas davantage à opérer une restauration devenue impossible. Ils arrivent trop tard. Le Christ n'exerce plus aucun prestige sur les foules désabusées. Le Dieu falot et illusoire a fait son temps.

C'est en vain que, las d'une vie mal utilisée, sevré des joies du foyer, isolé au milieu d'un monde en travail dont l'agitation le fatigue, incapable d'en comprendre l'objet et dépourvu des énergies nécessaires pour s'y associer, Huysmans se précipitera aux pieds du Dieu des cathédrales et en célébrera les bienfaits. Vainement, littérateurs, critiques, romanciers ou poètes chers aux dames de la confrérie, journalistes sceptiques, jeunes camelots du roi en quête de distractions joyeuses et de profits, s'organisent en bataillons autour de Jésus, de la Madone, de Saint-Joseph. Le Paradis est en déroute. Effrayé des progrès de l'esprit scientifique et de la moderne critique, l'Anglais Robert Hugh Benson en tire cette conclusion, dans son livre, le *Maître de la Terre*, que la fin du monde approche. Il reconnaît les signes avant-coureurs de l'Ante-Christ tels que les prédit l'Apocalypse.

Ecartez-vous de cette cohue où se heurtent de si étranges échantillons d'humanité. Allez-vous en du côté de la barricade où il vous sera donné de jouir utilement, loyalement de votre être, ce qui est, au dire de Montaigne, une absolue perfection et comme divine.

« Jamais les hommes n'ont pu se rendre compte de ce qui arriverait dans un monde où chacun ferait son devoir. Si le règne de la justice ne nous semble pas suffisant pour le bonheur des hommes, c'est que nous sommes malheureusement privés de ce spectacle que la terre n'a jamais contemplé. » (RENOUVIER. *Science de la morale.*)

Pour vous préparer à jouer votre rôle dans cette armée, prenez conseil de cette page de Jaurès :

« Le courage, aujourd'hui, ce n'est pas de maintenir sur le monde la sombre nuée de la Guerre, nuée terrible, mais dormante, dont on peut toujours se flatter qu'elle éclatera sur d'autres.

« Le courage, ce n'est pas de laisser aux mains de la force la solution des conflits que la raison peut résoudre ; car le courage est l'exaltation de l'homme et ceci en est l'abdication. Le courage pour tous, courage de toutes les heures, c'est de supporter sans fléchir les épreuves de tout ordre, physiques et morales, que prodigue la vie. Le courage, c'est de ne pas livrer sa volonté au hasard des impressions et des forces ; c'est de garder, dans les lassitudes inévitables, l'habitude du travail et de l'action. Le courage, dans le désordre infini de la vie qui nous sollicite de toutes parts, c'est de choisir un métier et de le bien faire, quel qu'il soit ; c'est de ne pas se rebuter du détail minutieux ou monotone ; c'est de devenir, autant qu'on le peut, un technicien accompli ; c'est d'accepter et de comprendre cette loi de la spécialisation du travail qui est la condition de l'action utile, et cependant de ménager à son regard, à son esprit, quelques échappées vers le vaste monde et des perspectives plus étendues.

« Le courage, c'est de dominer ses propres fautes, d'en souffrir, mais de n'en pas être accablé et de continuer son chemin. Le courage, c'est d'aimer la vie et de regarder la mort d'un regard tranquille ; c'est d'aller à l'idéal et de comprendre le réel ; c'est d'agir et de se donner aux grandes causes sans savoir quelle récompense réserve à notre effort l'univers profond, ni s'il lui réserve une récompense. Le

courage, c'est de chercher la vérité et de la dire ; c'est de
ne pas subir la loi du mensonge triomphant qui passe, et
de ne pas faire écho, de notre âme, de notre bouche et de
nos mains, aux applaudissements imbéciles et aux huées
fanatiques. » (*Discours à la jeunesse.*)

La doctrine que je vous recommande se personnifie dans
Minerve, le plus magnifique des symboles religieux. C'est
le travail et le courage, l'art et la science. C'est l'intelligence qui conçoit, la volonté qui commande, le bras qui
exécute. La flamme au front, armée de la lance et du
bouclier pour attaquer ou protéger, au gré des circonstances, elle concentre en elle toutes les activités héroïques.
C'est la beauté intégrale.

Vous inspirant de son culte, lancez-vous hardiment
dans la mêlée ; combattez toutes les tyrannies ; éclairez ;
libérez ; associez-vous aux nobles entreprises pour le
progrès de l'humanité par la justice et la bonté ; protégez
les faibles ; attaquez les oppresseurs. Vous recevrez des
coups, vous en donnerez ; mais quel que soit le résultat de
vos efforts, homme d'esprit éclairé et de cœur droit, homme
de bien et homme d'action dans toute la force du mot, vous
aurez connu la joie de vivre.

Et après ? Après ! que vous importe ? Inaccessible aux
vaines terreurs ordinairement provoquées par les choses
soustraites à notre connaissance et indépendantes de notre
volonté, soumettez-vous sans puérile inquiétude aux lois
souveraines qui régissent le monde.

Pensez-vous que cette règle de vie, sans béquille religieuse, ne puisse être appréciée et cultivée que par quelques privilégiés soumis à une culture exceptionnelle ? Si cela
était absolument vrai, nous en tirerions cette conclusion que
le devoir, non moins que l'intérêt social, commande de
prendre les mesures nécessaires à la distribution de cette
culture générale dans la mesure suffisante. Mais, en attendant que soient résolues les grandes questions économiques
desquelles dépend l'affranchissement total des créatures

condamnées à l'état de misère matérielle, il n'est pas plus difficile de donner à l'enfant une bonne éducation rationnelle que de l'initier aux mystères de la Sainte Trinité, de la Transubstantiation ou de l'Immaculée Conception.

Un délégué cantonal entre, un matin d'hiver, dans une école de village. Il se fait remettre le registre de présence et il constate qu'un élève est absent depuis plusieurs jours. Il demande le motif. Il apprend que cet élève a cassé son sabot. La famille est pauvre ; elle se compose de cinq enfants. Le père, ouvrier dans une usine, attend le jour de paye pour acheter une paire de sabots neufs.

— Mes enfants, dit le délégué cantonal, il ne dépend que de vous de faciliter au camarade le retour immédiat à l'école. Voici le moyen. Donnez chacun un petit sou et les sabots seront achetés aujourd'hui. Ceux qui n'ont pas de monnaie dans la poche apporteront demain leur cotisation.

La somme nécessaire fut remise à l'instituteur qui trouva là bonne matière à une leçon sur la solidarité et, comme les enfants paraissaient réjouis, le délégué arrêta leur attention sur la cause de ce contentement. C'était le bénéfice immédiat d'une bonne action.

L'enseignement de la propreté et de la beauté n'est pas autrement compliqué pour les maîtres capables d'exercer utilement leur métier.

Fin de Rêve.

Si vous n'êtes pas assommé en route, ce qui ne saurait inquiéter les hommes à l'esprit bien fait et au cœur bien trempé, vous pourrez, quand approchera votre dernière heure, jeter un coup d'œil triomphant sur la carrière parcourue et vous rendre ce témoignage qu'elle est nette de faiblesse et de souillure. Tout l'effort de la vie doit tendre à la préparation de cette suprême et hautaine jouissance à laquelle rien ne saurait se comparer.

J'ai vu chez un peintre un dessin d'une grande beauté philosophique.

Un vieillard à longs cheveux blancs est assis dans un fauteuil, sur le perron d'une maison rustique. Il se meurt. La famille, femme, enfants et petits-enfants, l'entoure. Ils suivent anxieusement sur son visage le retrait progressif de la vie. Derrière, courbée sur le dossier du fauteuil, se tient la mère, dissimulant ses larmes. D'un côté, le fils aîné, d'allure grave et mâle, avec sa femme qui tient dans ses bras un jeune nourrisson; de l'autre, le cadet et sa sœur, deux adolescents, rayonnants de saine et belle jeunesse. Contre le fauteuil, un garçon de six à sept ans, avec une pitié étonnée, regarde le mourant dont la main s'appuie sur sa tête blonde, tandis que les yeux suivent le soleil descendant sur l'horizon. Au loin, dans la plaine, un laboureur, l'aiguillon en main, pousse la charrue.

Au bas, cette légende :

— Le grand-père avait dit à son aîné : « Je voudrais mourir sur le seuil de ma porte, entouré de ma femme, de mes enfants et petits-enfants à l'heure où la calandre s'élevant dans les airs salue la fin du jour. Je voudrais encore que la solennité de cette dernière heure ne fut point troublée par les larmes de ceux qui continueront loyalement, après moi, l'œuvre de vie ».

Son vœu fut exaucé.

Je vous souhaite une fin pareille.

« En attendant le mot de l'énigme, il nous faut vivre et c'est en vivant le plus heureusement, le plus noblement, que l'on peut vivre le plus puissamment et qu'on aura le plus de courage, le plus d'indépendance, le plus de clairvoyance pour le désir et la recherche de la vérité. » (MAETERLINCK. *La Sagesse et la Destinée*).

Telle est la réponse faite à votre question par un homme qui n'a aucun intérêt à vous tromper. Il a vécu deux états d'âme : celui du croyant mystique prosterné au pied de la croix, en de muettes contemplations, et celui du philosophe affranchi de toute croyance dogmatique. Il peut en apprécier les effets et en comparer les avantages. A vous de les contrôler par vos propres observations en toute indépendance d'esprit, sans autre souci que de connaître la vérité dans la mesure où elle nous est accessible. Mais n'oubliez pas qu'il n'y a que trois partis à prendre : anéantir sa personnalité dans les pratiques d'une foi aveugle, se cantonner dans une sceptique ironie ou revendiquer hardiment ses droits et consacrer à l'amélioration de l'espèce tout ce qu'on peut avoir de noble activité, de joyeux courage, avec une sereine confiance dans l'énergie mondiale qui fait la vie éternelle.

FIN

Imprimerie de Poissy. — Lejay Fils et Lemoro, Poissy (Seine-et-Oise).
Téléph. 52. — Bureau à Paris 59, rue du Rocher.

www.ingramcontent.com/pod-product-compliance
Ingram Content Group UK Ltd.
Pitfield, Milton Keynes, MK11 3LW, UK
UKHW022049070726
13613UKWH00002B/745